초등학생을 위한 세계 위인 6

헬렌 켈러

글 양태석 | 그림 라임스튜디오

은하수 미디어
EUNHASOOMEDIA

설리번 선생님을 만나 삶이 바뀌었어요!

헬렌 켈러는 태어난 지 19개월 만에 열병(뇌척수막염)에 걸려 볼 수도, 들을 수도, 말할 수도 없게 되었어요. 하지만 평생의 스승인 설리번 선생님을 만나 끊임없이 노력하여 대학을 졸업하고, 마침내 위대한 사회 운동가가 되었어요.
설리번 선생님은 지식을 전달하는 데 그치지 않고, 헬렌 켈러가 따스한 마음을 가진 훌륭한 사람이 될 수 있도록 이끌어 주었어요.

훌륭한 교육자이자 사회 운동가였어요!

미국 앨라배마주에서 태어난 헬렌 켈러는 미국 전 지역과 세계 여러 나라를 돌아다니며, 시각 장애인과 청각 장애인의 교육과 복지 사업에 크게 힘썼어요. 그리고 자신의 이야기를 담은 《나의 생애》, 《나의 종교》 등의 책을 써서 수많은 사람들에게 용기와 희망을 주었어요.

보스턴 래드클리프 대학
: 1904년 헬렌 켈러가 졸업한 학교예요.

뉴욕 카네기홀
: 1916년 헬렌 켈러가 강연한 곳이예요.

앨라배마주 터스컴비아
: 1880년 헬렌 켈러가 태어난 곳이에요.

ⓒ Shutterstock

헬렌 켈러에게 일어난 엄청난 사건

태어난 지 얼마 안 되어, 뇌척수막염에 걸려 죽을 뻔했다가 겨우 살아나요.

하지만 보지도, 듣지도, 말하지도 못하게 되어요.

헬렌의 성격은 날이 갈수록 난폭해져요.

부모님은 헬렌을 교육할 방법을 몰라 쩔쩔매요.

헬렌 켈러가 남긴 말

장애는 불편합니다.
하지만 불행한 것은 아닙니다.

세상은 비록 고통으로 가득하지만,
그것을 극복하려는 힘도 가득합니다.

행복의 한쪽 문이 닫히면 다른 쪽 문이 열립니다.
하지만 우리는 닫힌 문만 계속 바라보느라,
우리에게 열려 있는 다른 문을 보지 못합니다.

시각 장애인보다 더
답답한 사람이 있습니다.
멀쩡히 앞은 볼 수 있으나
아무런 꿈이 없는
사람입니다.

사흘만 세상을 볼 수 있다면,
첫째 날은 사랑하는 사람의
얼굴을 보겠습니다.

둘째 날은 밤이 아침으로
변하는 기적을 볼 것입니다.

셋째 날은 사람들이 오가는
평범한 거리를 볼 것입니다.
분명히 말하지만, 본다는 것은
가장 큰 축복입니다.

차례

인물 소개 …………… 2

1. 볼 수도, 들을 수도 없는 소녀 …… 12

2. 설리번 선생님과의 만남 …… 37

3. 자연 속에서 배운 사랑 …… 58

4. 말을 하고 싶어요 …… 78

5. 억울한 동화 사건 …… 101

6. 명문 대학에 입학하다 …… 113

7. 위대하고 아름다운 삶 …… 128

인물에 관하여 …… 146
더욱더 알고 싶은 헬렌 켈러 이야기 …… 148
헬렌 켈러 연표 …… 150

올바른 독서 방법 · 151 | 더 생각해 보기 · 152

편지 쓰기 · 154 | 독서 기록장 · 156

1 볼 수도, 들을 수도 없는 소녀

담쟁이덩굴로 둘러싸인 아름다운 저택에 아기의 울음소리가 울려 퍼졌어요. 아서 켈러와 켈러 부인이 사는 집이었어요.

켈러 부인이 아기를 낳았다는 소문은 금세 마을로 퍼져나갔어요.

"켈러 씨 집에 예쁜 딸이 태어났답니다."

"켈러 부부가 공주님을 낳아 무척 기뻐한다면서요? 정말 잘됐네요."

1880년 6월 27일, 미국 앨라배마주 터스컴비아에서 한 여자아이가 태어났어요. 그 아이는 바로 헬렌 켈러였어요. 켈러 부인이 자신의 어머니 이름을 따서 헬렌이란 이름을 지어 주었지요.
　터스컴비아는 조용하고 아름다운 마을이었어요. 집집마다 정원에 넓은 잔디밭이 펼쳐져 있었고, 나무와 꽃이 자라고 있었어요. 그중에서도 켈러 부부의 집은 더욱 아름다웠어요.

고풍스럽고 우람한 집은 담쟁이덩굴로 덮여 있었고, 울타리에는 예쁜 덩굴장미가 피어 있었어요.

켈러 부인은 침대에 누운 채, 곁에서 새근새근 잠든 아기를 따스한 눈빛으로 바라보았어요.

"여보, 천사 같은 우리 아기 좀 보세요. 정말 예쁘지요?"

그러자 켈러는 벙긋 웃으며 고개를 끄덕였어요.

"당신을 닮아서 정말 예쁘군. 우리 집에 복덩이가 태어난 것 같아."

켈러는 아기의 볼에 뽀뽀를 해 주었어요.

헬렌의 아버지인 아서 켈러는 남북 전쟁 때 남군 대위로 활약한 적이 있었어요. 군에서 제대한 후에는 터스컴비아에서 목화 농장을 운영하며 지역 신문사에서 편집자로 일했지요. 너그럽고 자상한 성격이라 마을 사람들도 다들 좋아했어요.

어머니인 케이트 켈러는 독서를 즐기는 현명하고 교양 있는 여성이었어요. 여성의 지위를 높이기 위한 사회 운동에도 열정적으로 참여했지요.

큰 부자는 아니지만 넉넉한 환경에서 태어난 헬렌은 아주 건강하고 영리했어요. 태어난 지 여섯 달이 지나자 헬렌은 한두 마디씩 말을 하기 시작했어요. 그 모습을 보고 켈러 부부는 무척 기뻐했어요.

헬렌은 처음 보는 사람에게도 "안녕!" 하고 인사하고는 했어요. 어머니가 주방에서 음식을 준비할 때면 "맘마 줘!"라고 또렷이 말해, 어머니는 물론 아버지까지 종종 깜짝 놀랐어요.

첫돌이 지나자 헬렌은 아장아장 걸어 다녔어요. 아버지가 일터에서 돌아오면 조르르 달려가 품에 안기기도 했어요. 날씨가 좋은 날에는 꽃이 활짝 피어 있는 정원으로 나가 뛰어놀았지요.

하지만 이렇듯 행복한 나날은 오래가지 않았어요. 1882년 2월의 어느 날, 헬렌은 그만 뇌척수막염이라는 열병에 걸리고 말았어요.

그날 헬렌은 아침부터 유난히 기운이 없어 보였어요. 어머니는 헬렌의 이마를 짚어 보고는 깜짝 놀랐어요.

"어머, 열이 많이 나네!"

헬렌의 이마가 불처럼 뜨거웠어요.
"여보, 헬렌이 이상해요! 아무래도 병이 난 것 같아요!"
어머니가 외치자 아버지가 급히 달려와 헬렌을 살펴보았어요. 그러고는 서둘러 밖으로 나갔어요. 의사를 부르러 간 거예요.
얼마 후, 의사가 집으로 와서 헬렌을 진찰했어요. 의사는 심각한 표정으로 고개를 저었어요.

"열병 때문에 뇌에 이상이 생겼습니다. 안됐지만, 지금으로는 치료할 방법이 없습니다."

"그럼 우리 헬렌은 어떻게 되는 건가요?"

어머니가 울먹이며 물었어요.

"따님은 살아날 가망이 없습니다. 아무래도 마음의 준비를 하셔야 할 것 같군요."

"오, 하느님!"

켈러 부부는 눈앞이 캄캄했어요.

"선생님, 제발 우리 헬렌을 좀 살려 주세요!"

어머니가 울며 의사에게 매달렸어요.

"저도 최선을 다해 보지요. 하지만 헬렌의 병을 고칠 수 있는 분은 하느님뿐일 겁니다."

의사가 돌아간 후 켈러 부부는 헬렌을 안타까운 눈으로 내려다보았어요. 태어난 지 겨우 19개월밖에 안 된 어린 딸이 너무나 가여웠어요.

그날 이후로 켈러 부부는 아무것도 할 수 없었어요. 오로지 헬렌 곁에 지키고 앉아 얼른 병이 낫기만을 기도하고 또 기도했어요. 하지만 헬렌의 병은 좀처럼 나아지지 않았어요.

그러던 어느 날 아침, 놀라운 일이 벌어졌어요. 불덩이 같던 헬렌의 몸이 신기하게도 원래대로 돌아온 거예요.

열이 내리자 헬렌은 마치 단꿈을 꾸는 것처럼 편히 잠들어 있었어요.

"오, 헬렌!"

켈러 부부는 너무나도 기뻐서 헬렌을 와락 끌어안았어요.

"기적이 일어났군요. 이제 안심해도 좋을 것 같습니다. 하느님이 두 분의 기도를 들어주셨나 봅니다."

그날 집에 온 의사는 헬렌을 진찰한 뒤 무척 기뻐했어요.

하지만 이 기쁨도 그리 오래가지 않았어요.

며칠 후, 어머니는 하루 종일 침대에 누워 있는 헬렌이 이상해서 어깨를 흔들며 말을 걸었어요.

"헬렌, 왜 계속 잠만 자니? 눈 좀 떠 봐."

헬렌은 겨우 눈을 떴지만 어딘가 이상해 보였어요. 초점 없는 눈으로 허공만 바라보았지요.

어머니가 불러도 전혀 대답이 없었어요.

"헬렌, 엄마 좀 보렴!"

다시 불렀지만 헬렌은 허공만 바라보았어요. 그제야 어머니는 헬렌이 앞을 볼 수 없다는 걸 알아차렸어요. 그뿐 아니라 듣지도 못하는 것 같았어요.

켈러 부부는 황급히 의사를 다시 불러 진찰을 부탁했어요.

"헬렌은 열병 때문에 뇌에 이상이 생겨, 앞으로는 보지도 못하고 듣지도 못할 겁니다. 그리고 들을 수 없으니 말도 할 수 없을 겁니다."

"오, 세상에!"

의사의 말에 켈러 부부는 하늘이 무너지는 것만 같았어요.

"가여운 우리 딸, 이를 어쩌면 좋지……."

두 사람은 서로 부둥켜안고 울음을 터뜨렸어요. 귀염둥이 딸이 두 돌도 되기 전에 볼 수도 없고, 들을 수도 없게 되었다고 생각하니 억장이 무너졌어요. 이제 헬렌은 아름다운 꽃도 볼 수 없고, 새들이 지저귀는 소리도 들을 수 없게 된 거예요. 이렇게 헬렌은 빛도 소리도 없는 어둡고 고요한 세계에 갇혀 버렸어요.

헬렌은 앞도 못 보고 소리도 듣지 못하게 되자, 성격이 점점 난폭하게 바뀌었어요. 작은 일에도 참지 못하고 제멋대로 바닥을 뒹굴며 떼를 썼어요. 그만하라고 말리면 더욱 심하게 떼를 쓰고 몸부림을 쳤어요.

어머니는 헬렌이 떼를 쓸 때마다 어쩔 줄 몰라 쩔쩔맸어요. 아버지 역시 헬렌을 어떻게 대해야 할지 알 수 없어 마음이 답답했어요.

하지만 차차 시간이 흐르면서, 헬렌은 손짓이나 몸으로 조금씩 자신의 뜻을 표현하기 시작했어요.

예를 들어 헬렌이 고개를 끄덕이면 알겠다는 뜻이었고, 고개를 가로저으면 아니라는 뜻이었어요. 누군가를 끌어당기면 이리 오라는 뜻이었고, 등을 밀면 저리 가라는 뜻이었어요. 때로는 빵에 버터를 바르는 시늉을 하곤 했는데 그것은 배가 고프다는 뜻이었어요.

헬렌은 집 안에서 주로 머물며, 흑인 요리사의 딸인 마르타와 어울려 놀았어요. 늙은 개 벨도 헬렌의 친구였어요.

마르타는 헬렌보다 세 살이 더 많았는데, 헬렌이 몸이 불편한 것을 알고 늘 곁에서 돌보아 주었어요. 하지만 헬렌은 때때로 거칠게 행동하여 마르타를 깜짝 놀라게 하곤 했어요.

어느 날, 헬렌은 마르타와 현관 계단에 앉아 가위로 인형 만드는 천을 자르며 놀고 있었어요. 그러다가 갑자기 싫증을 내더니, 손을 더듬어 마르타의 머리카락을 잡고는 순식간에 싹둑 잘라 버렸어요. 마르타는 깜짝 놀라 엉엉 울음을 터뜨렸어요.

식사할 때도 헬렌은 마치 아기처럼 손으로 음식을 집어 먹었어요.

"얘야, 포크를 사용해야지."

어머니가 손에 포크를 쥐어 주면, 헬렌은 마구 짜증을 내며 내동댕이쳐 버렸어요.

어머니는 헬렌을 야단치고 싶었지만 그럴 수도 없었어요. 아무 소리도 듣지 못하니 야단을 쳐도 소용이 없었기 때문이에요.

헬렌의 성격이 갈수록 거칠어지자 켈러 부부는 점점 더 걱정이 되었어요. 헬렌에게 해도 되는 일과 하지 말아야 할 일을 알려 주고 싶었지만, 방법이 없었어요. 보지도 못하고, 듣지도 못하니 올바른 교육을 시킬 수가 없었던 거예요.

어느덧 헬렌은 다섯 살이 되었고, 어머니는 헬렌의 여동생을 낳았어요. 여동생 이름은 밀드레드였어요. 어머니는 이제 헬렌만 돌볼 수가 없었어요. 갓 태어난 밀드레드를 돌봐야 하니, 아무래도 헬렌에게 신경을 덜 쓸 수밖에 없었지요.

헬렌은 어머니가 놀아 주지 않자 정원으로 나가 혼자 시간을 보냈어요. 나무와 꽃을 만지며 외로움을 달랬지요.

때때로 마음속에서 뭔지 모를 감정이 싹텄지만, 헬렌은 그것을 남에게 전달할 수 없었어요. 답답한 마음에 손짓과 발짓을 해 보았지만, 헬렌의 마음을 알아주는 사람은 아무도 없었어요.

그 무렵, 책 읽는 것을 좋아하는 어머니는 영국의 유명한 소설가 찰스 디킨스가 쓴 《미국 여행기》를 읽고 있었어요.

책을 읽던 어머니의 얼굴이 갑자기 밝아졌어요.

어머니가 아버지에게 들뜬 목소리로 말했어요.

"여보, 이 책에 우리 헬렌처럼 보지도 못하고, 듣지도 못하는 로라 브리지먼이라는 여자 이야기가 나와요. 그런데 로라는 특수 교육을 받고 나서 나중에 책도 읽고 편지도 쓸 수 있게 되었대요."

"그래요? 그럼 로라를 교육시킨 분을 지금 당장 찾아가 봅시다!"

아버지가 소파에서 벌떡 일어나 말했어요.

"로라를 교육시킨 사람은 하우 박사라는 분인데 이미 돌아가셨대요. 하지만 로라를 찾아가면 어떻게 교육받았는지 알아볼 수 있을 것 같아요."

아버지는 그 말을 듣고 실망한 듯 말했어요.

"글쎄, 그보다는 유명한 안과 의사를 먼저 찾아가 보는 게 좋지 않겠소? 볼티모어에 눈이 먼 사람을 수술해서 볼 수 있게 만든 의사가 있다더군."

"오! 어서 그 의사를 찾아가 봐요!"

며칠 뒤 켈러 부부는 헬렌을 데리고 기차역으로 가서 볼티모어로 향했어요. 두 사람은 유명한 안과 의사를 만난다는 기대에 마음이 부풀었어요.

볼티모어에서 만난 안과 의사는 켈러 부부와 헬렌을 반갑게 맞아 주었어요. 그러고는 헬렌의 눈을 자세히 살펴보았어요.

진찰을 마친 의사가 잠시 머뭇거리다가 말했어요.

"따님은 시각 신경에 큰 손상을 입었습니다. 죄송합니다만, 이런 경우에는 저도 방법이 없습니다."

아버지는 실망하여 한숨을 내쉬었어요. 그러자 의사가 조심스럽게 물었어요.

"그런데 따님의 교육은 어떻게 하실 생각입니까? 비록 장애가 있지만, 앞으로 당당히 세상을 살아가려면 좋은 교육을 받아야 할 텐데요?"

"여기저기 알아보았는데, 헬렌처럼 보지도 듣지도 못하는 아이를 가르치는 학교는 없는 것 같더군요."

아버지의 대답에 의사는 잠시 생각하더니 말했어요.

"워싱턴에 계신 그레이엄 벨 박사님을 한번 찾아가 보십시오. 제가 보기에 따님은 비록 장애가 있지만 머리는 참 좋은 것 같습니다. 벨 박사님을 만나면 분명 좋은 방법을 알려 주실 겁니다."

의사는 그 자리에서 소개장을 써 주고, 벨 박사의 주소도 알려 주었어요.

알고 보니 그레이엄 벨 박사는 눈이 멀고 귀가 안 들리는 사람들의 교육자로 아주 유명했어요. 그뿐 아니라 전화기를 발명한 발명가로도 널리 알려져 있었어요.

켈러 부부는 헬렌과 바로 워싱턴으로 건너가서 벨 박사를 만났어요. 벨 박사는 무척 자상하고 친절한 분이었어요.

"안녕, 헬렌?"

벨 박사는 헬렌을 보자마자 가볍게 껴안아 주었어요. 그러고는 주머니에서 시계를 꺼내 헬렌의 손에 쥐여 주고, 헬렌을 안아 무릎 위에 앉혔어요.

평소에 헬렌은 낯선 사람에게 잘 안기지 않았는데, 웬일인지 벨 박사에게는 잘 안겼어요. 헬렌은 시계를 만지작거리며 벨 박사의 무릎 위에 앉아 놀았어요.

"아주 귀여운 아이로군요."

벨 박사가 칭찬하자 아버지가 말했어요.

"지금은 얌전하지만, 종종 화를 내며 떼를 쓰면 아무도 못 말린답니다."

"세상을 향한 창이 모두 닫혀 있어 답답해서 그러는 겁니다. 그래도 떼를 쓰며 불만을 표현하는 건 아직 희망이 있다는 뜻입니다. 제가 보니, 헬렌은 비록 장애는 있지만 아주 건강하고 똑똑해 보이는군요."

아버지는 벨 박사의 이야기를 듣고 마음이 조금 편해졌어요.

누군가와 헬렌에 관해 이야기하며 마음이 편안해지기는 이번이 처음이었어요.

 벨 박사가 다시 말했어요.

 "너무 걱정하지 마세요. 이제 우리는 헬렌의 영혼에 지식의 씨앗을 뿌리기만 하면 됩니다. 그러면 지금보다 훨씬 좋아질 겁니다."

 벨 박사는 켈러 부부에게 보스턴의 퍼킨스 맹아* 학교를 소개해 주었어요.

"하우 박사가 세운 미국 최초의 맹아 학교인데, 이곳에서 하우 박사가 로라 브리지먼을 가르쳤지요. 그러니 헬렌을 가르칠 만한 좋은 선생님이 분명 있을 겁니다. 그런 선생님을 가정교사로 두면 헬렌도 좋아질 수 있습니다!"

켈러 부부는 벨 박사의 말에 큰 용기를 얻었어요. 아버지는 집으로 돌아오자마자, 퍼킨스 맹아 학교의 교장 선생님에게 편지를 보냈어요.

하우 박사님이 로라 브리지먼을 어떻게 가르쳤는지 아는 선생님이 계시면, 저희 집에 가정교사로 꼭 좀 보내 주십시오. 제발 부탁드립니다.

얼마 지나지 않아 퍼킨스 맹아 학교에서 답장이 날아왔어요.

---

*맹아: 시각 장애와 언어 장애가 함께 있는 사람을 가리켜요.

헬렌을 가르칠 만한 적당한 여자 선생님이 있습니다. 성실하고 지혜로운 분이며, 이름은 앤 설리번입니다. 3월 초에 설리번 선생님을 켈러 씨 댁으로 보내드리겠습니다.

켈러 부부는 답장을 받고 뛸 듯이 기뻐하며, 설리번 선생님이 오기만을 손꼽아 기다렸어요.

2 설리번 선생님과의 만남

 마침내 설리번 선생님이 오기로 한 날 아침이 밝았어요. 이날은 1887년 3월 3일이었어요. 켈러 부부는 물론 하인들도 손님을 맞을 준비로 아침부터 바쁘게 움직였어요. 켈러 부부는 헬렌에게도 이 기쁜 소식을 알려 주고 싶었어요. 하지만 알려 줄 방법을 찾지 못해 답답하기만 했어요.
 다들 헬렌이 아무것도 모른다고 생각했지만 사실은 그렇지 않았어요.

헬렌은 무언가 특별한 일이 벌어지고 있다는 것을 본능적으로 눈치챘어요. 그래서 어머니가 마차를 타고 어딘가로 떠나자 현관문 앞에 나가 오랫동안 서 있었어요.

 어머니는 터스컴비아 역 앞에 마차를 세우고 설리번 선생님을 기다렸어요. 마침내 기차가 역으로 미끄러져 들어왔어요.

잠시 뒤 설리번 선생님이 밖으로 걸어 나오자, 어머니가 다가가 반갑게 맞이했어요.

"어서 오세요. 먼 길을 오시느라 힘드셨지요?"

"마중 나와 주셔서 고맙습니다."

선생님도 미소 지으며 인사를 건넸어요.

설리번 선생님은 부모 없이 자란 고아였어요. 어렸을 때는 눈이 멀어서 퍼킨스 맹아 학교에 다녔는데, 누구보다 총명하여 최고로 우수한 성적으로 졸업했어요.

그 이후 설리번 선생님은 실력이 뛰어난 의사를 만나 눈 수술을 받았어요. 다행히 수술 결과가 좋아 앞을 볼 수 있게 되었지요.

앞을 볼 수 있게 된 그날, 설리번 선생님은 마음속으로 이렇게 다짐했어요.

'볼 수도 없고 들을 수도 없는 가여운 사람들을 위

해 내 일생을 바칠 거야!'

 앞을 못 보고, 듣지 못하는 고통이 얼마나 큰지 잘 알기 때문에 그런 맹세를 한 거예요.

 마침 그 무렵, 퍼킨스 맹아 학교의 교장 선생님이 설리번 선생님에게 헬렌에 대한 이야기를 들려주었어요. 그러고는 한번 가르쳐 보겠느냐고 제안을 했어요.

설리번 선생님은 그 말을 듣자마자 마음이 끌려 해 보겠다고 말했어요. 그렇게 이곳에 오게 된 거예요.
　설리번 선생님은 켈러 부인과 함께 마차를 타고 집으로 향했어요.
　"어서 오세요. 이렇게 와 주셔서 정말 고맙습니다."
　헬렌의 아버지가 집 앞에서 설리번 선생님을 맞이했어요.
　"네, 반갑습니다. 그런데 헬렌은 어디 있지요?"
　선생님이 묻자 아버지가 현관을 가리켰어요.
　"헬렌은 저기 있습니다. 오늘 선생님이 오신다는 걸 알고 있기라도 한 듯이 아까부터 저기에 나와 서 있더군요."
　설리번 선생님은 고개를 돌려 헬렌을 보았어요. 생기가 넘치고 건강해 보이는 소녀가 현관 앞에 서 있었어요.

가냘프고 창백한 아이일 거라고 생각했는데 헬렌은 전혀 그렇게 보이지 않았어요.

설리번 선생님은 헬렌 쪽으로 걸음을 옮겼어요. 그러자 헬렌은 마치 느낌으로 안다는 듯이 선생님에게로 한 걸음 한 걸음 다가왔어요. 설리번 선생님은 헬렌을 가볍게 안아 주었어요.

이것이 헬렌과 설리번 선생님의 첫 만남이었어요. 헬렌은 일곱 살, 설리번 선생님은 스물한 살로 열네 살 차이였지요.

다음 날부터 헬렌은 설리번 선생님으로부터 하나하나 교육을 받기 시작했어요. 다행히 헬렌도 선생님을 잘 따르는 편이었어요.

선생님은 선물로 가져온 작은 인형을 꺼내 헬렌의 손에 쥐여 주었어요. 헬렌은 미소를 지으며 인형을 받아 가슴에 안았어요.

바로 그 순간, 선생님이 헬렌의 손바닥에 '인형'이라고 썼어요. 그런 다음 인형을 헬렌의 손바닥 위에 갖다 댔어요.

 하지만 헬렌은 글자라는 것을 아예 몰랐기 때문에 선생님의 행동을 이해할 수 없었어요.

 선생님은 '인형'이란 글자를 헬렌의 손바닥에 여러 번 되풀이해서 써 주었어요. 헬렌이 안고 있는 게 인형이란 걸 확실히 알려 주고 싶었던 거예요.

그러자 어느 순간, 헬렌은 '인형'이란 글자를 이해하게 되었고 쓸 줄도 알게 되었어요.

헬렌은 너무나도 기쁜 나머지 어머니에게로 달려가 손바닥에 인형이라고 썼어요. 어머니는 감격해서 헬렌을 와락 끌어안았어요.

"인형이란 글자를 알게 되다니! 정말 기쁘구나."

설리번 선생님은 그 뒤로 헬렌에게 많은 단어를 알려 주었어요.

헬렌은 스펀지에 물이 스미듯 '엄마', '아빠', '빵', '우유', '걷다', '먹다' 같은 단어를 익혀 나갔어요.

설리번 선생님은 단어 익히기 말고도 재미있는 놀이를 가르쳐 주었어요. 바로 구슬 놀이였어요. 선생님은 헬렌에게 나무구슬이 든 상자와 유리구슬이 든 상자를 주고 놀게 했어요. 그러고는 나무구슬과 유리구슬을 번갈아 실에 꿰어 보게 했어요.

헬렌이 잘 따라 하자 이번에는 나무구슬 두 개를 꿴 다음 유리구슬 한 개를 이어서 꿰게 해 보았어요. 헬렌은 손으로 만져 보더니 이것도 아주 잘해 냈어요. 가르쳐 주지도 않았는데 스스로 실 끝에 매듭을 지어 구슬이 빠져나가지 않게 했어요.
"와, 헬렌은 역시 영리하구나! 아주 잘했어!"
설리번 선생님은 헬렌이 잘할 때마다 칭찬을 해 주었어요.

어느 날, 선생님은 헬렌의 식사 버릇을 고쳐 주기로 마음먹었어요. 헬렌은 식사 때마다 손으로 음식을 마구 집어 먹어 식탁을 엉망으로 만들었어요. 그뿐 아니라 설리번 선생님의 접시에 든 음식도 마음대로 가져다 먹었어요.

설리번 선생님은 헬렌이 자신의 접시로 손을 뻗자 밀쳐 버렸어요. 하지만 헬렌은 계속해서 손을 뻗었어요. 선생님은 그때마다 단호하게 헬렌의 손을 밀쳐 냈어요.

"으아앙!"

자기 뜻대로 되지 않자 헬렌은 화를 내며 울음을 터뜨렸어요.

같이 식사하던 켈러 부부가 헬렌을 달래려 했지만, 선생님은 하지 못하게 막았어요. 그러고는 켈러 부부를 먼저 식당에서 내보냈어요.

　설리번 선생님은 헬렌을 내버려둔 채 묵묵히 식사를 했어요. 헬렌의 나쁜 버릇을 고쳐야겠다고 단단히 마음먹은 거예요.
　한참을 울었지만 아무도 달래 주지 않자, 헬렌은 마침내 울음을 그쳤어요. 그러더니 자기 자리에 앉아 다시 손으로 음식을 먹기 시작했어요.
　"헬렌, 포크를 사용해야지."
　선생님은 헬렌의 손에 포크를 쥐어 주었어요.

하지만 헬렌은 포크를 바닥에 내동댕이쳤어요.

선생님은 헬렌이 포크를 집어던질 때마다 다시 집게 했어요. 포기하지 않고, 다섯 번이고 열 번이고 계속 반복했지요.

그러자 마침내 헬렌은 포크를 쥐고 음식을 먹기 시작했어요.

"잘했어, 헬렌."

선생님은 헬렌을 가볍게 안으며 칭찬해 주었어요.

설리번 선생님은 헬렌을 가르칠 때 좀 힘들더라도 엄하게 통제했어요. 헬렌이 떼쓰는 것을 다 받아주면 제대로 교육할 수 없었기 때문이에요.

켈러 부부는 설리번 선생님이 헬렌을 엄하게 다룰 때마다 불평을 늘어놓았어요. 그러면 선생님은 조용히 이렇게 말했어요.

"저는 헬렌이 앞도 못 보고, 듣지도 못하지만 제대

로 교육하고 싶습니다. 다른 아이들에게 뒤처지면 안 된다고 생각합니다. 장애가 있으니까 오히려 더 엄하게 교육하여 올바른 사람으로 키워야 합니다. 그러니 헬렌의 교육은 제게 맡겨 주십시오."

켈러 부부는 설리번 선생님의 진심을 잘 알았기 때문에 더는 불평하지 않았어요.

설리번 선생님은 당분간 헬렌을 가족과 떼어 놓기로 했어요. 선생님은 켈러 부부를 설득하여, 집에 딸린 작은 별채로 헬렌과 함께 옮겨 갔어요.

'이제 헬렌과 단둘이니까 제대로 교육해 봐야겠어.'

헬렌은 가족과 떨어지자 불안해하며 떼를 쓰고 울어 댔어요. 하지만 선생님은 결코 부모님을 불러 오지 않았어요. 헬렌은 결국 제풀에 지쳐 울음을 그쳤어요.

헬렌은 밤에 선생님과 같은 침대에서 자는 것도 싫은지 또다시 엉엉 울며 떼를 썼어요.

헬렌이 침대에서 내려가 뒹굴며 울어 대자, 설리번 선생님은 몇 번이나 헬렌을 침대에 옮겨 놓았어요.

그렇게 두 시간이나 씨름한 뒤에야 겨우 헬렌과 나란히 누울 수 있었어요. 헬렌이 울어 댈 때마다 선생님은 마음이 아팠지만 꾹 참았어요.

며칠이 지나자 헬렌은 별채에서 생활하는 것을 점점 받아들였어요. 선생님에게 바느질을 배우고 뜨개질도 시작했어요.

아버지는 회사에서 돌아오면 몰래 틈새로 별채를 들여다보았어요. 그때마다 헬렌이 조금씩 바뀌어 있는 모습을 보고 몹시 기뻐했어요.

'헬렌이 확실히 좋아지고 있어!'

헬렌은 3주쯤 별채에서 지낸 뒤 다시 가족 곁으로 돌아왔어요. 설리번 선생님도 헬렌이 조금씩 나아지는 모습에 가슴이 설레었어요.

헬렌의 어두웠던 삶에 서서히 빛이 스며드는 게 느껴져, 설리번 선생님은 더욱더 정성껏 헬렌을 가르쳤어요.

 날이 따뜻해지자 선생님은 헬렌을 데리고 밖으로 나가 산책을 했어요. 그러고는 눈에 보이는 것을 모두 헬렌의 손바닥에 써 주었어요. 나무와 꽃을 알려 주고, 새와 다람쥐에 관해서도 손에 써 주었어요.

 그런 어느 날이었어요. 설리번 선생님이 펌프질을 해서 양동이에 물을 받자, 헬렌이 그 물에 손을 담갔어요. 그러더니 갑자기 물을 가리키며 선생님의 손을 두드렸어요. 뭔가 가르쳐 달라는 뜻이었어요.

 설리번 선생님은 헬렌의 손바닥에 '물'이라고 썼어요. 그때까지 헬렌은 물과 우유를 구별하지 못했어요. 선생님은 물이 무엇인지 이번 기회에 확실히 알려 주기로 마음먹었어요.

선생님은 다시 한번 헬렌의 다른 손바닥에 '물'이라고 썼어요. 헬렌은 잠깐 놀란 표정을 지으며 우두커니 서 있었어요.

 이윽고 헬렌의 얼굴이 환하게 밝아졌어요. 이제 물이 무엇인지 분명히 알게 된 거예요.

 헬렌은 느닷없이 선생님을 가리키더니 손바닥을 내밀었어요. 선생님은 헬렌의 손바닥에 '선생님'이라고 써 주었어요.

그때 유모 할머니가 밀드레드를 안고 오자 헬렌은 할머니와 동생을 가리키며 다시 손바닥을 내밀었어요. 선생님은 헬렌의 손에 '할머니'와 '아기'라고 써 주었어요.

그날 헬렌은 집에 가서도 손에 닿는 것마다 그 이름을 물었어요. 선생님은 그때마다 헬렌의 손에 글자를 써 주었어요. 그날 헬렌은 한 시간도 안 되어서른 개도 넘는 단어를 새로 알게 되었어요.

헬렌은 새로운 단어를 배울 때마다 몹시 감동했어요. 비록 눈으로 볼 수는 없지만, 새로 얻은 마음의 눈으로 온 세상을 볼 수 있을 것 같은 자신감이 생겼지요. 그 뒤로 헬렌은 설리번 선생님을 더욱 믿고 따르게 되었어요.

이렇게 하루하루 성장했지만, 헬렌은 아직 일곱 살이라 때로는 떼를 쓰고 투정을 부리기도 했어요.

하루는 헬렌이 선물로 받은 인형을 방바닥에 내동댕이쳤어요. 기분이 좋지 않을 때면 종종 하던 짓을 또 한 거예요.

설리번 선생님은 헬렌에게 마음 안에서 일어나는 여러 가지 감정을 알려 주고 싶었어요. 그래서 헬렌의 손바닥에 이렇게 썼어요.

'나쁘다, 헬렌. 슬프다, 선생님.'

그런 다음 슬퍼하는 자신의 얼굴을 헬렌에게 만져 보게 했어요.

선생님은 헬렌에게 인형을 주워 오라고 시킨 뒤, 헬렌의 손바닥에 다시 이렇게 썼어요.

'착하다, 헬렌. 기쁘다, 선생님.'

그러고는 활짝 웃는 자신의 얼굴을 헬렌에게 다시 만져 보게 했어요.

헬렌은 깊은 생각에 잠겼어요.

잠시 뒤 헬렌은 선생님의 손을 끌어당겨 이렇게 썼어요.
　'착하다, 헬렌.'
　헬렌은 환하게 미소를 지으며 인형을 꼭 껴안았어요.
　이렇게 해서 헬렌은 좋고 나쁜 것을 구별할 수 있게 되었고, 슬프고 기쁜 감정도 알게 되었어요.

3 자연 속에서 배운 사랑

 어느 날, 헬렌은 설리번 선생님과 함께 산책을 나갔어요.
 집 근처 들판으로 걸어 나가자 커다란 나무가 한 그루 서 있었어요. 선생님은 헬렌과 나무 그늘에 앉아 잠시 쉬었어요.
 설리번 선생님이 나무를 살펴보며 중얼거렸어요.
 "이 나무에 올라앉아 헬렌과 점심을 먹어야겠다. 그러면 소중한 추억이 될 거야."

선생님은 헬렌을 안아 굵은 나뭇가지에 앉혀 놓고, 헬렌의 손에 글을 썼어요.

'집에 가서 점심을 가져올게. 잠깐만 기다려.'

선생님은 서둘러 집으로 향했어요. 그런데 이게 웬일인가요? 갑자기 찬 바람이 휘휘 불더니 굵은 빗방울이 떨어지기 시작했어요.

헬렌은 겁에 질려 나무를 꼭 붙잡았어요. 앞이 안 보이니 집으로 도망칠 수도 없었고, 말을 할 수 없으니 도와달라고 소리칠 수도 없었어요.

곧 세찬 바람이 몰아쳤고, 굵은 빗방울이 머리 위로 계속 쏟아졌어요. 헬렌은 나무를 붙잡은 채 울먹이며 부들부들 떨었어요.

그 순간, 설리번 선생님이 달려와 헬렌을 꼭 안아 주었어요. 헬렌은 안도의 한숨을 내쉬며 선생님의 품에 매달렸어요.

헬렌은 산책할 때마다 자연은 늘 안전하고 아름답다고 생각했어요. 하지만 세찬 비바람을 맞아 보고는 자연이 무섭게 변할 때도 있다는 것을 알게 되었어요.

그 당시 헬렌은 무엇이든 배우는 것을 아주 좋아했어요. 그래서 선생님의 손바닥에 궁금한 것을 계속 적었어요. 그때마다 선생님은 최대한 쉽게 헬렌의 질문에 대답해 주었어요.

헬렌은 무척 총명하여 한 번 배운 단어는 잘 잊어 버리지 않았어요. 이미 400개의 단어를 배웠고, 숫자도 30까지 쓸 수 있었어요.

 지식을 가르치는 것도 물론 중요했지만, 설리번 선생님은 헬렌에게 착하고 아름다운 마음씨를 길러 주고 싶었어요. 그런데 그것은 지식을 가르치는 것보다 훨씬 힘든 일이었어요.

 어느 날, 거실에서 시끄러운 소리가 들려왔어요. 선생님이 황급히 달려 나가 보니, 흥분한 헬렌이 흑인 하녀 버니를 때리며 날뛰고 있었어요.

 "헬렌, 그러지 마!"

 선생님이 헬렌의 손을 낚아챘어요. 그러자 헬렌은 선생님의 가슴에 얼굴을 묻고 울음을 터뜨렸어요.

 "버니, 무슨 일이지?"

 선생님이 묻자 버니가 대답했어요.

"헬렌 아가씨가 유리컵을 흔들고 있기에 다칠까 봐 빼앗았더니 그만……."

버니가 말하는 동안 헬렌은 선생님의 손바닥에 '나쁘다, 버니'라고 썼어요.

설리번 선생님은 버니를 밖으로 내보내고 자기 방으로 돌아왔어요. 헬렌의 행동이 정말 실망스러웠어요. 착한 아이가 된 줄 알았는데 헬렌은 아직도 제멋대로였어요.

잠시 후, 헬렌이 조심조심 선생님 방으로 들어왔어요. 그러고는 선생님의 품에 안기려고 했어요.

설리번 선생님은 헬렌을 밀어내고, 헬렌의 손바닥에 이렇게 썼어요.

'선생님은 나쁜 아이를 안아 주지 않아.'

헬렌은 가만히 서 있더니, 선생님의 손에 이렇게 썼어요.

'선생님 미워요. 헬렌은 엄마 사랑해요. 엄마는 버니를 때려 줄 거예요.'

헬렌은 심술이 난 얼굴로 휙 나가 버렸어요.

그날 점심때 설리번 선생님은 식사를 하지 않았어요. 식사할 기분이 아니었던 거예요.

그러자 이 사실을 눈치챈 헬렌이 다시 방 안으로 들어왔어요. 헬렌은 선생님의 손바닥에 이렇게 썼어요.

'같이 점심 먹으러 가요.'

선생님은 헬렌의 손바닥에 이렇게 적었어요.

'선생님은 너무 슬퍼서 아무것도 먹고 싶지 않아.'

그러자 헬렌이 갑자기 울음을 터뜨렸어요. 헬렌은 선생님의 목을 끌어안고 이렇게 썼어요.

'헬렌, 착한 아이 될게요. 착한 아이.'

'그럼 버니한테 사과할 수 있어?'

선생님이 이렇게 쓰자 헬렌은 고개를 끄덕였어요. 그러고는 곧장 부엌으로 가서 버니에게 사과한다는 의미로 볼에 입을 맞추었어요.

이런 일을 겪으며 헬렌은 조금씩 변화하고 생각도 깊어졌어요. 그다음부터는 함부로 화내거나 떼를 쓰는 일도 많이 줄었어요.

하루는 헬렌이 정원으로 나가 제비꽃을 꺾어 왔어요. 헬렌이 꽃을 건네자 선생님은 방긋 웃었어요.

그러고는 헬렌의 손바닥에 이렇게 썼어요.

'선생님은 헬렌을 사랑해.'

헬렌도 선생님의 손에 이렇게 썼어요.

'사랑이 뭐예요?'

'사랑은 바로 여기에 있는 거야.'

선생님은 헬렌의 가슴에 손을 대고 알려 주었어요. 하지만 헬렌은 이해할 수 없었어요.

'그럼 제비꽃 향기 같은 게 사랑인가요?'

선생님은 아니라고 대답하고 생각에 잠겼어요. 그때 남쪽 창문으로 따스한 햇볕이 쏟아져 들어왔어요.

'그럼 저 따사로운 햇볕이 사랑인가요?'

선생님은 또 아니라고 했어요. 헬렌은 실망하여 더는 묻지 않았어요.

다음 날에는 아침부터 비가 내렸어요. 식사를 마치자, 어느덧 비가 그치고 아름다운 구름 사이로 눈부신 햇살이 쏟아졌어요.

헬렌은 창가를 가리키며 선생님의 손바닥에 이렇게 썼어요.

'저런 것이 사랑인가요?'

선생님이 헬렌의 손바닥에 이렇게 썼어요.

'사랑이란 아름다운 구름과 같은 거란다.'

헬렌이 고개를 갸우뚱하자, 선생님은 쉬운 단어를 사용해 이렇게 설명해 주었어요.

'구름은 손으로 만질 수 없어. 하지만 비를 내리게 해서 나무나 꽃이 자라게 해 주지. 이처럼 사랑도 손으로 만질 수는 없지만 사람들을 행복하게 해 준단다.'

 헬렌은 설명을 듣고도 사랑이 무엇인지 정확히 알 수 없었어요. 그렇지만 어렴풋이 사랑이 무엇인지 알 것 같기도 했어요. 사람의 마음과 마음을 따스하게 이어 주는 것이 사랑이라는 생각이 들었어요.

 설리번 선생님은 헬렌과 함께 새로운 공부를 시작했어요. 바로 점자 공부였어요. 점자는 규칙에 따라 찍은 볼록한 작은 점들을 손가락으로 더듬어 읽는 시각 장애인용 문자를 말해요.

 선생님은 여러 장의 점자 카드를 헬렌에게 건네주었어요. 헬렌은 손가락으로 점자를 만져 읽은 다음 그 글자들을 모아 글을 짓는 연습을 했어요.

날마다 점자 카드로 연습을 거듭한 끝에, 헬렌은 어느덧 제대로 된 문장을 쓸 수 있게 되었어요. 그뿐 아니라 자기가 지은 글을 읽어 보고, 마음에 들지 않는 곳을 고치기까지 했어요.

문장을 마음대로 지을 수 있게 되자 헬렌은 선생님에게 더 많은 질문을 던졌어요. 호기심 많은 헬렌은 알고 싶은 것도 많았어요.

'비는 왜 내리나요?'

'바람은 어디에서 와서 어디로 가나요?'

설리번 선생님은 헬렌의 질문에 답하기 위해 더 많은 책을 읽어야 했어요. 그리고 헬렌을 직접 숲이나 들판으로 데리고 나가 자연을 교재로 삼아 교육을 했어요. 책을 통해서도 배울 수 있었지만, 헬렌은 자연에서도 많은 것을 배웠어요.

보통 사람보다 감각이 예민한 헬렌은 특히 자연 속에서 울림과 느낌으로 많은 것을 배웠어요.

헬렌은 커다란 나무 그늘에 앉아 개구리나 병아리를 만져 보고, 이제 막 피어나는 꽃향기를 맡으며 세상을 조금씩 더 알아 갔어요.

하늘을 나는 새들의 지저귐, 피부를 간질이는 감미로운 바람, 은은히 풍기는 꽃향기 등이 모두 헬렌의 선생님이었어요.

설리번 선생님은 헬렌에게 막 벌어지기 시작한 목화 열매를 손으로 만져 보게 하고, 보드라운 털이 달린 씨도 만져 보게 했어요. 또, 바람에 흔들리는 가냘픈 풀잎과 훅훅 뿜어내는 망아지의 콧김까지 헬렌이 피부로 직접 느끼게 해 주었어요.

하루는 헬렌이 점자책을 내려놓고 선생님에게 물었어요.

'선생님, 세상에는 어떤 색깔이 있나요?'

설리번 선생님은 새로운 것에 관심을 가지는 헬렌이 기특했어요.

'세상에는 아주 다양한 색깔이 있단다.'

헬렌이 다시 물었어요.

'갈색은 아름다운가요?'

'물론 아름답지. 네 머리카락도 아주 밝은 갈색이란다.'

'나뭇잎은 무슨 색인가요?'

'초록색이지. 하지만 가을이 되면 갈색이나 노란색, 또는 붉은 색으로 변한단다.'

선생님은 헬렌과 집 안을 돌아다니며, 헬렌이 만지는 물건의 색깔을 모두 말해 주었어요. 헬렌은 모든 물건의 색이 저마다 다르다는 게 참 신기했어요.

어느 순간, 헬렌은 설리번 선생님을 이끌고 밖으로 나갔어요.

'선생님, 하늘은 푸른색이고 나뭇잎은 초록색이죠?'

'맞아. 다들 자기 색이 더 아름답다고 저마다 뽐내고 있단다.'

'선생님, 혹시 생각에도 색깔이 있나요?'

엉뚱한 질문이었지만 설리번 선생님은 웃으며 대답해 주었어요.

'물론 있지. 착한 생각은 밝은 색깔이고, 나쁜 생각은 어두운 색깔이야.'

헬렌은 가만히 생각에 잠겼어요. 그러고는 선생님의 손바닥에 다시 이렇게 썼어요.

'그럼 헬렌의 생각은 흰색이고, 버니의 생각은 검은색인가요?'

헬렌은 사람의 피부색에 따라 생각의 색깔도 다를 거라고 생각한 거예요.

선생님은 얼른 헬렌의 손바닥에 이렇게 썼어요.

'이 세상에는 백인종, 황인종, 흑인종이 있는데, 피부색만 다를 뿐 살아가는 것은 비슷해. 다들 소중하고 귀한 사람이지. 피부색으로 사람을 차별하는 건 나쁜 거란다.'

며칠 후, 헬렌은 자신의 눈이 궁금해졌는지 이렇게 물었어요.

'내 눈은 선생님 눈과 다르지요?'

설리번 선생님은 잠시 생각하고 나서 헬렌의 손에 이렇게 썼어요.

'내 눈과 헬렌의 눈은 조금 달라. 하지만 보는 데는 둘 다 문제없어. 나는 눈으로 보지만, 헬렌은 손가락으로 보잖아.'

헬렌은 눈이 보이지 않는 대신 본능적인 감각으로 주변 상황을 잘 파악했어요.

마치 마음에 투명한 눈이 달린 것 같았어요.

　하루는 설리번 선생님이 친구와 함께 묘지로 산책을 나갔어요. 친구의 딸이 얼마 전에 죽어 묘지를 둘러보러 간 거예요. 이 자리에 헬렌도 함께 따라갔어요.

　세 사람은 한참을 걸어 묘지에 도착했어요. 헬렌은 묘지 이곳저곳을 돌아다니다가 어떤 묘지 앞의 비석을 손으로 만져 보았어요.

비석에는 '플로렌스'라는 이름이 새겨져 있었어요.
'아, 불쌍한 플로렌스는 지금 어디에 있나요?'
헬렌은 선생님의 손바닥에 그렇게 썼어요. 선생님은 잠시 아무 말도 하지 않았어요. 플로렌스가 친구의 딸이라 뭐라고 말하기가 곤란했던 거예요.
그러자 헬렌은 선생님의 친구 앞으로 가서 다시 선생님의 손바닥에 글을 썼어요.
'아주머니는 플로렌스 때문에 많이 울었나요?'

이번에도 선생님이 대답하지 않자 헬렌은 다시 이렇게 썼어요.

'누가 플로렌스를 땅속에 묻었나요?'

 설리번 선생님은 헬렌의 질문에 깜짝 놀랐어요. 친구의 딸인 플로렌스가 죽었다는 걸 헬렌에게 말해 준 적이 없었기 때문이에요. 그런데 헬렌이 어떻게 그 사실을 알고 있는지 이해가 되지 않았어요.

 이처럼 헬렌은 누가 말해 주지 않아도 본능적인 감각과 느낌으로 주변 상황을 알아챘어요. 참으로 신기한 일이었어요.

4 말을 하고 싶어요

 어느 날, 터스컴비아 마을에 서커스단이 찾아왔어요. 설리번 선생님은 헬렌에게 재미있는 추억을 만들어 주고 싶어서 함께 서커스 구경을 갔어요.
 비록 눈으로 볼 수는 없지만, 헬렌은 느낌만으로 수많은 사람들이 서커스를 보러 온 것을 알 수 있었어요.
 선생님은 헬렌이 다양한 경험을 할 수 있도록 서커스단에 부탁해 동물들을 직접 만져보게 했어요.

서커스단 단원들은 앞을 못 보는 헬렌이 여러 동물을 만져 볼 수 있게 해 주었어요.

"우리가 붙잡고 있으니까, 걱정하지 말고 이 동물도 만져 보렴."

헬렌은 새끼 사자도 만져 보고, 곰과는 악수를 나누었어요. 표범은 헬렌의 손을 핥아 주기도 했어요. 설리번 선생님은 헬렌을 높이 안아 올려 기린의 귀를 만져 보게 했어요.

헬렌은 무엇보다도 원숭이를 가장 좋아했어요. 제일 인기가 많은 원숭이가 여러 가지 재주를 부리는 동안, 헬렌은 그 원숭이의 등에 손을 대고 있었어요. 원숭이가 사람들에게 모자를 벗고 인사했다고 선생님이 알려 주자, 헬렌은 무척 신기해하며 즐거워했어요.

헬렌은 집에 돌아와서도 흥분이 가라앉지 않는지, 가족들에게 서커스 공연장에서 경험한 것을 전하고 싶어 했어요. 그러더니 동물들의 행동을 몸짓으로 흉내 내기도 하고, 사자가 크르릉 울부짖는 소리를 비슷하게 흉내 내기도 했어요.

설리번 선생님은 그런 헬렌의 모습을 보고 깜짝 놀랐어요. 비록 보지도, 듣지도 못했지만 헬렌은 공기의 진동으로 사자의 울부짖음을 느낀 게 분명했어요.

그날 이후로 설리번 선생님은 동물에 관한 책을 수없이 읽었어요. 헬렌이 자꾸 동물에 관해 이것저것 물어보았기 때문이에요.

하루는 헬렌의 방에서 쿵쿵 걷는 소리와 함께 밀드레드의 웃음소리가 들려왔어요. 선생님이 방으로 가 보니 헬렌이 등에 쿠션과 인형을 혹처럼 매달고 엉금엉금 기어다니고 있었어요. 뭐 하는 거냐고 묻자 헬렌은 선생님의 손바닥에 이렇게 썼어요.

'나는 낙타예요. 좀 특이하게 생긴 낙타요.'

선생님은 이번에도 깜짝 놀랐어요. 헬렌은 낙타를 본 적도 없고, 만져 본 적도 없었기 때문이에요. 헬렌이 어떻게 낙타에 관해 알아냈는지 선생님은 끝내 알 수 없었어요.

가을이 지나고 12월이 되자 날씨가 부쩍 쌀쌀해졌어요. 크리스마스가 다가올수록 헬렌은 조금씩 기분이 들떴어요. 크리스마스에는 선물을 받을 수 있으니까 기분이 좋아진 거예요.

그런데 크리스마스 며칠 전, 집 근처의 초등학교에서 헬렌에게 초대장을 보내왔어요. 학생들이 크리스마스 축하 파티에 헬렌을 초대한 거예요. 헬렌은 초대장을 들고 펄펄 뛰며 기뻐했어요.

마침내 크리스마스 파티 날이 되자 헬렌은 설리번 선생님과 함께 학교로 갔어요.

교실 한가운데에 커다란 크리스마스트리가 서 있었어요. 나뭇가지에는 선물이 주렁주렁 매달려 있었어요.

선생님은 그 광경을 헬렌의 손에 써서 설명해 주었어요. 그러자 헬렌은 트리 앞으로 다가가 손으로 더듬어 나뭇가지와 선물들을 만져 보았어요.

'와, 이렇게 많은 선물이 매달려 있다니! 나무가 너무 힘들 것 같아요.'

헬렌은 트리에 매달린 선물들을 떼어 내리고 했어요. 선생님이 얼른 다가가 헬렌을 말렸어요.

'이 선물들은 잠시 후에 학생들에게 하나씩 나누어 줄 거야. 그러니 그냥 두어도 돼.'

'와, 그래요? 선물을 받으면 다들 기뻐하겠네요!'

헬렌은 마치 자기가 선물을 받는 것처럼 행복한 표정을 지었어요.

그때 한 학생이 말했어요.

"선물 나누어 주는 일을 헬렌에게 맡기면 좋을 것 같아요!"

다들 그 말에 찬성했어요. 선생님은 헬렌의 손바닥에 그대로 썼어요. 헬렌은 무척 기뻐했어요.

드디어 선물을 나누어 주는 시간이 되었어요. 헬렌은 선물 포장지에 쓰여 있는 이름을 읽어 달라고 선생님에게 부탁했어요.

그런 다음 학생들에게 선물을 하나씩 건네주었어요.

그런데 어떤 학생의 선물이 다른 학생들 것보다 유난히 작았어요. 헬렌은 그 선물을 건네주고 나서 설리번 선생님에게 슬쩍 부탁했어요.

'선생님, 이 친구한테 집에 있는 제 선물을 하나 더 주고 싶어요.'

헬렌은 이런 식으로 남에게 무언가를 주는 것에 큰 기쁨을 느꼈어요. 걸핏하면 떼를 쓰고 고집을 피우던 헬렌이 설리번 선생님의 가르침으로 완전히 바뀐 거예요. 그날 밤, 헬렌은 머리맡에 커다란 양말을 걸어 놓고 침대에 누웠어요.

　다음 날 아침, 헬렌은 잠에서 깨자마자 양말을 만져 보았어요. 양말 속에는 헬렌이 좋아하는 선물이 가득 들어 있었어요.

그뿐 아니라 책상 위에도, 식탁 위에도, 헬렌의 손이 닿는 곳마다 선물이 놓여 있었어요.

그중에서도 헬렌을 가장 기쁘게 한 것은 설리번 선생님이 선물한 카나리아였어요. 카나리아가 들어 있는 새장은 창가에 놓여 있었어요.

헬렌이 손을 내밀자 카나리아는 손바닥에 사뿐히 내려앉았어요. 그러고는 헬렌의 손바닥 위에 놓인 먹이를 쪼아 먹었어요.

'태어나서 이렇게 기쁜 날은 처음이에요.'

헬렌이 선생님의 손바닥에 이렇게 쓰자, 설리번 선생님은 헬렌을 가만히 안아 주었어요.

헬렌뿐 아니라 온 가족이 즐거운 크리스마스 분위기에 젖어 들었어요.

설리번 선생님의 품에 안긴 헬렌을 보고 어머니가 말했어요.

"설리번 선생님, 선생님은 우리 집에 찾아온 천사예요. 하느님께서 우리 집에 이토록 멋진 천사를 보내주셔서, 우리 가족은 모두 늘 감사하게 생각하고 있답니다."

하지만 설리번 선생님은 고개를 가로저으며 말했어요.

"그렇지 않습니다. 오히려 제가 헬렌을 만나서 보람되고 가치 있는 삶을 살게 된 겁니다. 그래서 저도 항상 하느님께 감사 기도를 드리고 있답니다."

이듬해인 1888년에 헬렌은 여덟 살이 되었어요. 그해 5월, 헬렌은 보스턴에 있는 퍼킨스 맹아 학교에 입학했어요.

퍼킨스 맹아 학교는 시설이 아주 잘 갖춰져 있었어요. 도서관에는 다양한 점자책이 빽빽이 꽂혀 있어 마음대로 선택해 읽을 수 있었어요. 또 과학실에는 갖가지 동물과 식물의 모형이 전시되어 있었고, 숫자를 공부할 수 있게 구슬과 블록 모양의 모형도 잘 갖춰져 있었어요.

하지만 헬렌에게는 불편한 점도 많았어요.

맹아 학교 아이들은 대부분 볼 수만 없을 뿐 듣고 말하는 것은 자유롭게 할 수 있었어요. 하지만 헬렌은 듣지도, 보지도, 말하지도 못해 할 수 있는 것들이 별로 없었어요.

 교실에서도 설리번 선생님이 담당 과목 선생님의 말을 대신 듣고 전해 주어야 겨우 수업을 받을 수 있었어요. 설리번 선생님이 입과 귀 역할을 해 주지 않으면 친구들과 대화도 할 수 없었지요.

헬렌은 자유롭게 말을 하는 친구들이 너무나 부러웠어요. 아무도 없는 곳에서 말하는 연습을 하다가 혼자 운 적도 있었어요.

'아, 나도 말을 할 수 있다면 얼마나 좋을까.'

헬렌은 불편한 게 많았지만 꾹 참고 퍼킨스 맹아 학교에서 열심히 공부했어요. 그러다가 헬렌은 마침내 1890년 봄에 보스턴 호레이스먼 농아*학교 교장인 풀러 선생님으로부터 발음 교육을 받기 시작했어요.

풀러 선생님은 능숙하게 헬렌의 손바닥에 글자를 써서 대화했어요. 풀러 선생님은 우선 헬렌에게 자기 얼굴을 만져 보게 했어요. 그러고는 입술의 움직임이나 혀의 위치를 가르쳐 주고, 그대로 흉내 내 소리를 내 보라고 했어요. 풀러 선생님이 "아."라고 하면, 헬렌도 희미하게 "으." 하고 소리를 냈어요.

---

*농아: 청각 장애인과 언어 장애인을 가리키는 말이에요.

처음 해 보는 것이라 쉽지는 않았지만, 헬렌은 열심히 따라 하여 한 시간 동안 여섯 개의 기본적인 발음을 익혔어요.

헬렌은 풀러 선생님에게 여러 차례 기본 교육을 받은 다음, 다시 설리번 선생님과 밤늦도록 발음 연습을 반복하고 또 반복했어요. 헬렌이 어찌나 열심히 연습하는지 선생님이 감동할 정도였어요.

단어 하나를 발음하는 데 하루 종일 걸린 적도 있었어요. 어떤 때는 발음이 너무 어려워 울음을 터뜨리기도 했어요. 그러면 설리번 선생님은 이렇게 위로해 주었어요.

'용기를 내, 헬렌. 집에서 너를 응원하고 있는 가족들을 생각해 봐.'

그러면 헬렌은 다시 힘을 내서 발음 연습을 시작했어요.

이렇게 끊임없이 노력한 결과 헬렌은 마침내 소리를 내 말할 수 있게 되었어요.
　보통 사람들의 말처럼 잘 알아들을 수 있는 것은 아니었지만, 헬렌의 입에서 나오는 그 소리는 분명히 '사람의 말'이었어요.
　헬렌은 너무나 기뻐서 자기 자신을 향해 마음속으로 마구 소리쳤어요.
　'나도 이제 말할 수 있어! 벙어리가 아니라고!'

시간이 흘러 어느덧 여름이 되었어요. 헬렌은 방학을 맞아 터스컴비아로 가는 기차를 탔어요. 기차 안에서도 헬렌은 설리번 선생님과 함께 입술을 달싹이며 소리 내는 연습을 했어요.

드디어 기차가 터스컴비아 역에 도착했어요. 헬렌은 선생님의 손을 잡고 기차에서 내렸어요. 아버지와 어머니, 그리고 동생 밀드레드가 두 사람을 보고 재빨리 달려왔어요. 어머니가 울먹이며 헬렌을 품에 안자 헬렌이 떠듬떠듬 말했어요.

"엄…마…, 사랑…해…요."

어머니의 눈에서 주르르 눈물이 흘렀어요.

"오, 헬렌! 네가 말을 하다니!"

어머니는 헬렌을 다시금 와락 껴안고 감격의 눈물을 흘렸어요. 이제 다섯 살이 된 밀드레드는 깜짝 놀라 눈만 깜빡거렸어요.

아버지는 말없이 고개를 끄덕이며 기쁨의 눈물을 삼켰어요. 설리번 선생님도 그 모습을 보고 울컥하여 슬쩍 고개를 돌렸어요.

헬렌은 그동안 많은 책을 읽고 다양한 사람들을 만나면서 생각이 더욱 깊어졌어요. 그래서 그동안 묻지 않던 것들에 대해 설리번 선생님에게 묻기 시작했어요. 새로운 질문은 이런 것들이었어요.

'우주는 어떻게 만들어졌나요?'

'하느님은 어디에 계신가요?'

'영혼은 정말 있나요?'

이런 질문에는 설리번 선생님도 쉽게 대답하기 어려웠어요. 그래서 선생님은 헬렌에게 유명한 학자인 브룩스 신부님을 소개해 주었어요. 친절한 브룩스 신부님은 헬렌에게 종교와 사랑에 관해 많은 이야기를 해 주었어요.

헬렌은 신부님의 말을 다 이해할 수는 없었지만, 그래도 소중한 교훈을 얻었어요. 인간은 모두 하느님의 자녀이고, 하느님은 곧 사랑이라는 가르침이었지요. 모든 사람은 형제와 같으니 늘 서로 돕고 사랑하라는 말씀도 새겨들었어요.

그 후로 헬렌은 병든 사람이나 가난한 사람을 보면 도우려 했고, 어려운 상황에 빠진 사람을 보면 동정심을 느꼈어요.

어느 겨울날, 어머니가 헬렌에게 말했어요.
'헬렌, 날이 이렇게 추운데 이웃집 아이가 입을 옷이 없다는구나. 네 옷 하나를 그 아이에게 주면 어떻겠니?'
그러자 헬렌은 입고 있던 스웨터를 바로 벗었어요.
'그 아이에게 이 스웨터를 주세요.'
그 스웨터는 헬렌이 가장 좋아하는 옷이었어요.
'이건 네가 제일 아끼는 옷이잖니?'

어머니는 다른 옷을 주라고 했어요. 그러자 헬렌이 말했어요.

'그래서 이 옷을 주려는 거예요. 제가 가장 좋아하는 옷이니까 그 애도 분명 좋아할 거예요.'

또 한번은 이런 일도 있었어요. 헬렌은 설리번 선생님으로부터 보지도 못하고, 말도 못 하는 네 살짜리 꼬마 토미의 이야기를 들었어요. 토미의 어머니는 돌아가셨고, 아버지는 너무 가난하여 토미를 고아원에 보내려고 한다는 것이었어요. 이 이야기를 듣고 헬렌은 몹시 마음이 아팠어요.

'토미를 퍼킨스 유치원에 보내 교육받게 해 주고 싶어요.'

헬렌은 선생님에게 이렇게 말하고 바로 토미를 위해 모금 운동을 시작했어요. 헬렌은 주위 사람들에게 편지를 보내 자신의 뜻을 알렸어요.

그러자 여기저기서 후원금을 보내왔어요.

그뿐 아니라 헬렌은 다과회를 열어 돈을 모으기도 했어요. 브룩스 신부님도 다과회에 참석해 멋진 강연을 해 주었어요.

이렇게 여러 사람의 도움으로 토미는 마침내 퍼킨스 맹아 학교의 부속 유치원에 들어가 교육을 받을 수 있게 되었어요.

5 억울한 동화 사건

 다시 학교로 돌아간 헬렌은 몇 달 동안 열심히 책을 읽었고, 말하기 연습도 쉬지 않았어요. 다른 학생들에게 뒤처지고 싶지 않아 무리해서 공부한 거예요. 잠을 자는 것도 잊고 지나치게 열심히 공부하다 보니 헬렌은 체력이 약해졌어요.

 설리번 선생님은 헬렌에게 잠시 쉬는 게 좋겠다고 권했어요. 그래서 헬렌은 터스컴비아의 집으로 돌아가 잠시 휴식을 취했어요.

　헬렌은 쉬는 동안 점자 동화책을 읽거나 설리번 선생님과 산책을 하며 보냈어요.

　날씨가 화창한 어느 가을날, 헬렌은 선생님과 산길을 산책하고 있었어요. 숲의 나뭇잎들이 빨갛고 노랗게 물들어 햇빛에 반짝이고 있었어요.

　'헬렌, 단풍이 곱게 물들어 참 아름답구나.'

　설리번 선생님은 단풍이 마치 보석처럼 빛난다고 말해 주었어요.

그러자 헬렌이 말했어요.

'나뭇잎이 보석처럼 아름답다면 분명 서리의 요정이 한 짓일 거예요. 요정이 여러 색깔의 아름다운 보석을 가져와 단풍을 만든 거예요.'

헬렌의 말에 선생님은 활짝 미소를 지었어요.

'와, 정말 멋진 생각이다! 그 생각을 한번 동화로 써 보면 어떻겠니? 아주 아름다운 동화가 될 것 같은데?'

헬렌은 잠시 생각에 잠겼어요. 한 번도 동화를 써 본 적은 없지만 쓰면 참 재미있을 것 같았어요.

집으로 돌아온 헬렌은 책상에 앉아 점자로 동화를 쓰기 시작했어요.

제목은 〈서리 임금님〉이라고 지었고, 내용은 서리 임금님의 보석 항아리가 햇빛에 녹아 숲속 나뭇잎을 보석처럼 아름답게 물들인다는 내용이었어요.

'헬렌, 아주 잘 썼구나.'

헬렌의 동화를 읽어 본 설리번 선생님은 무척 기뻐하며 칭찬해 주었어요.

헬렌은 문장을 다시 한번 다듬어 동화를 완성했어요. 선생님은 혼자 읽기가 아까워, 퍼킨스 맹아 학교의 교장 선생님에게 동화를 보냈어요. 마침 며칠 뒤가 교장 선생님 생일이라 선물로 보낸 거예요.

교장 선생님은 헬렌이 쓴 동화를 읽고 깜짝 놀랐어요. 교장 선생님은 교육을 통해 헬렌이 얼마나 성장했는지 자랑하고 싶어서 교육 문제를 다루는 잡지사에 동화를 보냈어요. 헬렌의 동화는 교육 잡지에 정식으로 실렸어요.

자기가 쓴 동화가 잡지에 실리자 헬렌은 기쁨과 희망으로 들떴어요. 하지만 얼마 후, 불행한 일이 벌어지고 말았어요. 헬렌이 쓴 〈서리 임금님〉이 작가 마거릿 캔비가 쓴 〈서리의 요정〉이란 동화와 아주 비슷하다는 사실이 알려진 거예요.

　설리번 선생님은 몹시 당황했어요. 그런 동화가 있다는 사실조차 몰랐거든요. 하지만 퍼킨스 학교의 교장 선생님은 헬렌을 믿어 주지 않았어요.

교장 선생님은 자신이 헬렌의 거짓말에 놀아난 것 같아 무척 불쾌하게 여겼어요.

헬렌도 선생님으로부터 이야기를 듣고 큰 슬픔에 빠졌어요. 〈서리의 요정〉이란 동화를 들어 본 적도 없는데 의심을 받으니 너무 억울했어요. 하지만 진실을 어떻게 밝혀야 할지 알 수가 없었어요.

며칠 동안 헬렌은 잠도 못 자고, 식사도 제대로 하지 못했어요.

설리번 선생님은 어떻게 해서든 진실을 밝혀야겠다고 마음먹었어요. 그래서 여러 사람의 도움을 받아 이제까지 헬렌이 만났던 사람들을 하나하나 조사해 보았어요. 그러다 보니 다행히 실마리가 잡혔어요.

몇 년 전, 헬렌과 가깝게 지내던 홉킨스 부인의 집에 마거릿 캔비의 동화집이 있었고, 헬렌이 여덟 살 때 그 집에서 여름을 보낸 적이 있다는 것을 알아낸 거예요. 하지만 홉킨스 부인은 그때 자기가 헬렌에게 〈서리의 요정〉을 읽어 주었는지는 잘 기억나지 않는다고 했어요.

설리번 선생님은 어떻게 된 일인지 그제야 어렴풋이 짐작이 갔어요. 헬렌은 몇 년 전 홉킨스 부인의 집에서 우연히 〈서리의 요정〉 이야기를 알게 된 것 같았어요.

그런데 까맣게 잊어 버렸다가, 얼마 전에 설리번 선생님과 산책하며 단풍에 관한 이야기를 나누다가 문득 생각이 났던 거예요.

하지만 그 사실을 모르는 헬렌은 그 이야기가 자기 머릿속에서 나온 이야기라고 철석같이 믿고 있었어요.

그렇게 헬렌의 동화 사건으로 골치가 아플 때, 〈서리의 요정〉을 쓴 마거릿 캔비 작가가 설리번 선생님에게 편지를 보내왔어요. 설리번 선생님과 헬렌은 그 편지를 받고 큰 위안을 받았어요.

설리번 선생님께

 만일 헬렌이 <서리의 요정>을 듣고 동화를 썼다 해도, 몇 년 전에 한 번 듣고 그 정도로 썼다면 그것만으로도 놀라운 일입니다. 그만큼 훌륭한 기억력과 작문 실력이 있다는 걸 증명한 것이니까요.
 헬렌에게 제 마음을 전해 주십시오. 실망하지도, 슬퍼하지도 말라고요. 언젠가는 헬렌도 아름다운 동화를 써서 사람들을 행복하게 해 줄 수 있을 거라고 믿습니다.

– 마거릿 캔비

 하지만 설리번 선생님까지 의심하는 교장 선생님의 마음은 끝내 돌릴 수가 없었어요. 결국 헬렌은 퍼킨스 맹아 학교를 그만두어야 했어요.

한동안 헬렌은 터스컴비아에서 아무것도 하지 않고 지냈어요. 글을 읽기도 싫고 쓰는 것도 두려웠어요. 헬렌은 날마다 자신을 돌아보며 마음을 가라앉혔어요. 그렇게 조용히 지내다 보니 차차 안정을 되찾을 수 있었어요.

헬렌은 설리번 선생님의 위로와 응원을 받고 자신감을 찾아 다시 글을 쓰기 시작했어요.

헬렌이 쓴 글은 신문이나 잡지에 실리기도 했어요.

헬렌은 자기가 쓴 글이 신문이나 잡지에 실리면, 자기처럼 장애가 있는 사람들이 그 글을 보고 용기와 힘을 얻을 수 있을 거라고 생각했어요.

글을 쓰는 일 말고도 헬렌은 늘 사회에 도움을 주고 싶어 했어요. 그래서 앞을 못 보는 어린이들에게 유치원을 지어 주는 일에 뛰어들었어요. 후원금을 모으기 위해 자선 다과회를 열기도 했어요.

헬렌은 수많은 사람들에게 초대장을 보내고 후원자를 모았어요. 마침내 자선 다과회가 열리자 많은 사람들이 몰려와 격려해 주었어요. 이 다과회에서 헬렌은 2,000달러도 넘는 큰돈을 모아 전부 맹아 유치원을 세우는 사업에 기부했어요.

그뿐 아니라 헬렌은 터스컴비아에 도서관을 세우기 위한 운동도 펼쳤어요.

때로는 시간을 내서 설리번 선생님과 나이아가라 폭포로 여행을 다녀오기도 했어요. 또 유명한 시인을 찾아가 시를 쓰는 법을 배우기도 했어요.
　헬렌은 하루하루가 정신없이 지나갈 정도로 바쁘게 살았어요. 이때 헬렌의 나이는 겨우 열두 살이었어요.

6 명문 대학에 입학하다

　열세 살이 된 헬렌은 설리번 선생님과 함께 뉴욕으로 향했어요. 그곳에서 라이트 휴메이슨 농아 학교에 입학했지요.

　이 학교는 말을 못 하는 장애인에게 발음하는 법을 가르치는 데 특별히 뛰어난 학교였어요. 그래서 헬렌도 크게 기대를 하며 입학한 거였어요. 이 학교에서 헬렌은 3년 동안 중학교 교과 과정과 말하는 법, 손으로 다른 사람의 말을 읽는 법을 배웠어요.

헬렌은 특히 독일어와 프랑스어를 열심히 공부하여 어학 실력이 많이 늘었어요.

입학한 지 6개월 만에 헬렌은 독일어로 된 소설을 읽을 수 있었고, 프랑스어로 된 문학 작품도 술술 읽었어요.

하지만 가장 기대를 걸었던 말하기와 다른 사람의 입술에 손을 대고 말뜻을 알아내는 건 그다지 늘지 않았어요.

'아아, 나도 다른 사람들처럼 술술 말하고 싶은데 왜 이렇게 힘든 걸까?'

헬렌은 너무나도 안타까워 울고만 싶었어요. 듣지 못하는 사람은 말도 하지 못한다는 게 너무 화가 났어요. 하지만 헬렌은 이를 악물고 연습에 연습을 거듭했어요. 언젠가는 남들처럼 완전하게 말할 수 있을 거라고 믿고 날마다 공부에 열중했지요.

그렇게 3년 동안 열심히 노력하자 실력이 차차 늘어, 헬렌은 드디어 말을 할 수 있게 되었어요. 비록 서툰 발음이었지만, 이제 남들도 알아들을 수 있게 말을 하게 된 거예요.

1896년, 열여섯 살이 된 헬렌에게 무척 좋은 기회가 찾아왔어요. 세인트 클레어라는 곳에서 열리는 전국 농아 교육자 대회에서 연설을 해 달라는 요청이 온 거예요.

헬렌은 설리번 선생님과 열심히 준비하여 600명이 넘는 청중 앞에 섰어요. 눈도 안 보이고, 듣지도 못하는 헬렌이 마침내 청중 앞에서 당당히 연설하게 된 거예요.

"여러분 앞에서 이렇게 말을 할 수 있게 되어 저는 참으로 기쁩니다."

이렇게 이야기를 시작한 헬렌은 자기가 어떻게 말을 할 수 있게 되었는지 자세히 설명했어요. 그리고 자신의 목소리로 처음 말할 수 있게 되었을 때 얼마나 감격했는지도 이야기했어요.

헬렌은 이렇게 이야기를 마무리했어요.

"저는 아직 말을 못 하는 사람들이 앞으로 말을 할 수 있게 되기를 바랍니다. 제가 느꼈던 감격을 그들도 느꼈으면 좋겠습니다. 아직 말을 못 하는 사람들과 그들을 가르치는 선생님들, 부디 용기를 내십

전국 농아 교육자 대회

시오. 여러분은 보통 사람들이 상상도 못 하는 어려운 일을 하고 계십니다. 끈기 있게 해 나가면 반드시 뜻을 이룰 수 있으니 힘을 내십시오. 하느님도 여러분을 돕고 계십니다. 여러분이 말도 하고, 노래도 부를 수 있게 계속 돕고 계시니 힘을 내십시오."

헬렌의 연설이 끝나자 우레와 같은 박수 소리가 이어졌어요.

그해 여름에 헬렌은 케임브리지 여학교에 입학했어요. 처음에 케임브리지 여학교 교장 선생님은 헬렌이 수업을 제대로 받을 수 없을 거라며 반대했어요. 하지만 설리번 선생님과 헬렌이 진심을 다해 설득한 끝에 결국 입학 허가를 받아냈어요.

헬렌은 어릴 때부터 이렇게 말하곤 했어요.

'저는 크면 하버드 대학에 갈 거예요.'

그러면 가족들은 다들 미소를 지었어요.

　헬렌이 농담을 한다고 생각한 거예요.

　하지만 헬렌은 심한 장애가 있었음에도 이를 극복하고, 정말로 최고의 대학에 가서 공부하고 싶었어요. 이것이 바로 헬렌의 꿈이었어요.

　그런 큰 꿈을 가진 헬렌이 드디어 케임브리지 여학교에 입학한 거예요.

　케임브리지 여학교는 지금까지 다녔던 학교와는 완전히 달랐어요. 이곳은 장애가 없는 보통 여학생들이 공부하는 일반 학교였어요.

보통 학생들과 같이 공부하면서 헬렌은 또다시 많은 어려움을 느꼈어요. 다른 학생들처럼 교실에서 교과서를 볼 수 없었기 때문에 교과서 내용을 모두 점자로 옮겨 적어야 했어요. 설리번 선생님이 교과서 내용을 손에 써 주면 점자 타자기로 일일이 점자로 바꾼 뒤 수업 전에 미리 달달 외워야 했어요.

그뿐 아니라 시험 시간에는 자기가 쓴 것을 읽어 보고 고칠 수 없었기 때문에 틀린 답이 걱정되어도 그냥 답안지를 내야 했어요. 이처럼 어렵고 곤란한 일이 많았지만 헬렌은 1년 동안 꾹 참으며 견뎌냈어요. 그러자 조금씩 적응할 수 있었어요.

헬렌은 장애인도 일반인 못지않게 우수한 성적을 낼 수 있다는 것을 보여 주고 싶었어요. 그래서 누구보다 더 노력하고, 밤잠도 줄여 가며 열심히 공부했어요.

　그러자 주변 사람들도 감동하여 하나둘 헬렌에게 도움의 손길을 내밀었어요.

　어떤 맹아 학교 선생님은 교과서를 점자로 대신 옮겨 주었고, 여학교 선생님들과 친구들도 수화를 익혀 헬렌의 공부를 도와주었어요. 그렇게 3년이라는 시간이 금세 지나갔어요.

　열아홉 살이 되던 해 여름, 헬렌은 래드클리프 대학 입학시험을 보았어요.

래드클리프 대학은 미국에서 가장 유명한 대학인 하버드 대학의 여자 학부로, 최고의 실력을 갖춘 여학생들만 들어갈 수 있었어요.

래드클리프 대학 시험은 역시 상당히 까다로웠어요. 열다섯 과목을 한 번에 다섯 과목씩 세 번에 나누어 시험을 보았는데, 그 가운데 낙제 과목이 하나라도 있으면 입학할 수 없었어요. 헬렌의 시험지는 점자로 되어 있는 것만 다를 뿐, 나머지는 다른 학생들과 똑같았어요.

헬렌은 몹시 긴장한 상태로 시험을 모두 치렀어요. 떨어지면 어쩌나 걱정했는데, 다행히 좋은 성적으로 합격했어요.

설리번 선생님은 기뻐하는 헬렌을 와락 안아 주었어요. 어쩌면 헬렌보다 선생님이 더 좋아하는 것 같았어요.

　헬렌처럼 심한 장애가 있는 학생이 미국 최고의 하버드 대학에 입학한 것은 처음 있는 일이었어요. 더구나 헬렌은 모든 과목의 성적이 우수해 신입생 클럽의 부회장으로 뽑히기까지 했어요.
　헬렌은 4년 동안 래드클리프 대학에서 미국 최고의 교육을 받았어요.
　대학에 다니면서 헬렌은 좀 더 생각이 깊어졌어요. 이제는 무조건 남들보다 뛰어나야 한다는 생각을 버렸어요.

공부도 좋아하는 과목은 열심히 하고, 좋아하지 않는 과목은 적당히 하는 식으로 쓸데없는 중압감에서 벗어났어요.

　남는 시간에는 독서를 하거나 글을 썼어요. 자신이 장애인으로 힘들게 살아온 이야기를 《나의 생애》라는 책으로 써서 출판하기도 했어요.

　헬렌은 대학에 다니는 동안 스스로 학비를 벌어서 썼어요. 책을 내거나 잡지사에 글을 보내 계속 원고료를 받았지요. 집에서 학비를 보내 주겠다고 했지만 거절했어요. 혼자 힘으로 해결할 수 있는 건 스스로 해결해, 되도록 부모님에게 부담을 드리고 싶지 않았기 때문이에요.

　1904년, 헬렌은 마침내 우수한 성적으로 래드클리프 대학을 졸업했어요. 전 과목 성적이 골고루 우수한 편이었고, 특히 영문학이 뛰어났어요.

래드클리프 여학교 졸업식

졸업식에는 어머니와 밀드레드 그리고 설리번 선생님이 참석했어요.

"헬렌 켈러!"

대학 학장이 졸업장과 상장을 수여하기 위해 헬렌의 이름을 불렀어요. 헬렌은 설리번 선생님의 손을 잡고 천천히 단상으로 올라갔어요.

헬렌은 졸업장과 상장을 수여받은 뒤, 잡고 있던 설리번 선생님의 손을 높이 치켜들었어요. 자신의 모든 영광을 선생님께 돌리고 싶었기 때문이에요. 그러자 우레와 같은 박수갈채가 쏟아졌어요.

어머니는 자랑스러운 딸의 모습에 감격해 소리 없이 눈물을 흘렸어요. 헬렌이 설리번 선생님과 단상에서 내려오자 어머니는 달려가 두 사람을 얼싸안았어요.

7 위대하고 아름다운 삶

　헬렌은 대학을 졸업할 무렵 이미 세상에 이름이 알려져 있었어요. 책을 써서 출판을 하고, 잡지에 많은 글을 보내 이름이 널리 알려졌지요. 또한 맹아나 농아 교육을 위한 일에 빠짐없이 참석했고, 때로는 기자들을 만나 인터뷰도 해 사회적으로도 이름이 꽤 알려진 상태였어요.
　헬렌은 책의 인세와 원고료, 강연료 등을 받아 재산도 무척 많이 모았어요.

그래서 대학 졸업 후에 랜섬이라는 곳에 넓은 땅이 딸린 시골집을 사서 설리번 선생님과 단둘이 살았어요. 그곳은 숲과 목장, 그리고 작은 호수가 펼쳐져 있는 매우 아름다운 곳이었어요.

헬렌은 오랜만에 여유롭게 평화로움을 즐기며 행복한 시간을 보냈어요. 하지만 자기 혼자만의 작은 행복에 만족할 수가 없었어요.

헬렌은 설리번 선생님에게 이렇게 말했어요.

"저는 앞으로 저처럼 장애가 있는 사람들을 위해 살기로 마음먹었어요. 저는 부모님과 선생님 덕분에 좋은 교육을 받고, 사회에서 당당하게 활동할 수 있게 되었어요. 장애가 있는 사람들이 모두 저처럼 자유롭게 살 수 있도록 돕고 싶어요. 이런 일을 제가 하지 않으면 누가 하겠어요?"

선생님은 빙그레 미소를 지었어요.

"참 좋은 생각이구나. 나도 힘이 닿는 데까지 도와주마."

선생님의 격려에 헬렌은 더욱 힘이 났어요.

헬렌은 시각 장애인과 청각 장애인을 위해 자신이 무슨 일을 하면 좋을까 조사해 보았어요. 자세히 알아보니, 장애인 교육 시설과 교육 방법이 전혀 체계화되어 있지 않고 엉망이었어요. 헬렌은 자신이 해야 할 일이 무엇인지 금세 알아챘어요.

시각 장애인과 청각 장애인 그리고 언어 장애인을 위해 교육 사업을 하기로 작정한 거예요.

　헬렌은 장애인 교육에 대한 강연을 부탁받으면 어디든 곧바로 달려갔어요.

　헬렌의 목소리는 일반 사람과 달리 마치 어린이가 책을 읽는 듯 어색했어요. 하지만 그런 진정성이 있는 연설이 많은 사람들에게 더욱 용기와 힘을 주었어요.

또, 헬렌은 장애인을 위한 글을 청탁받으면 아무리 바빠도 거절하지 않고 즉시 써 주었어요.

장애인 복지를 위한 모금 운동도 열심히 했어요.

헬렌은 쉴 새 없이 원고를 쓰고, 모금을 위해 강연 여행을 다니느라 눈코 뜰 새가 없이 바빴어요. 그 바람에 설리번 선생님도 덩달아 바빠졌어요.

헬렌은 자신이 살아온 이야기를 책으로 출간했어요. 1918년에는 헬렌이 쓴 책이 《아름다운 해방》이라는 제목으로 영화화되어 헬렌이 직접 주인공 역을 맡기도 했어요. 헬렌은 때때로 극단을 따라다니며 강연을 했어요. 그러면 사람들은 일류 대학을 나온 사람이 우스꽝스러운 극단을 따라다닌다며 욕을 했어요. 그때마다 헬렌은 이렇게 말했어요.

"난 조금도 부끄럽지 않아요. 그렇게 번 강연료로 가난한 장애인들을 후원하고 있으니까요. 이건 부끄러운 일이 아니라 자랑스러운 일이에요."

그 무렵, 사랑하는 어머니가 돌아가셨다는 소식이 날아왔어요. 아버지도 이미 돌아가신 뒤라 이제 헬렌은 부모를 모두 잃고 말았어요.

'항상 내 걱정뿐이던 어머니와 아버지가 모두 세상을 떠나셨구나. 그동안 얼마나 가슴이 아프셨을까.'

헬렌은 설리번 선생님 품에 안겨 하염없이 눈물을 흘렸어요.

장례식을 마친 헬렌은 한동안 마음을 잡지 못했어요. 그 모습을 본 설리번 선생님이 헬렌을 위로해 주었어요.

'너무 침울해 보이는구나, 헬렌. 부모님은 네가 씩씩하게 살아가는 모습을 보고 싶어 하실 거야. 그러니 힘을 내렴.'

헬렌은 선생님의 말에 큰 위안을 얻었어요.

자신감을 되찾은 헬렌은 다시 장애인 복지 운동에 뛰어들었어요. 날이면 날마다 정치인, 경제인 등 유명한 인물들을 만나 장애인 복지의 필요성을 호소했어요.

헬렌의 열정적인 노력으로 시각 장애인을 위한 국립 도서관이 미국에 세워졌어요. 이곳에는 정치와 경제는 물론 문학, 철학, 역사 등 모든 종류의 점자책이 책꽂이에 진열되어 있었어요.

또, 헬렌은 '실명 방지 협회'를 세워 사람들이 시력을 잃지 않게 돕는 운동을 펼쳐 나갔어요. 실명은 시력을 잃는 것을 말해요.

 헬렌이 수많은 도시를 돌아다니며 강연하는 동안, 바다 건너 유럽과 동양에도 헬렌의 이름이 널리 알려졌어요.

 1930년에는 한 신문사에서 '미국에서 가장 위대한 네 명의 위인'을 뽑았는데, 헬렌은 그 가운데 한 사람으로 뽑혔어요.

 명예 박사 학위 수여스

템플 대학에서는 헬렌에게 명예 박사 학위를 수여했어요. 신체장애를 극복하고 많은 장애인들에게 희망을 준 헬렌에게 경의를 표하기 위해서였지요.
　설리번 선생님에게도 박사 학위를 주려 했지만 선생님은 끝내 받지 않았어요.
　"나는 교사로서 당연히 할 일을 했을 뿐입니다. 헬렌이 학위를 받은 것만으로도 나는 기쁩니다."
　1932년 9월, 헬렌은 뉴욕에서 후버 대통령이 주최한 국제 시각 장애인 대회에 참석했어요. 헬렌은 각국 대표자와 정치가, 학자, 사업가 앞에서 다음과 같이 연설했어요.
　"우리는 눈으로는 서로를 볼 수 없지만, 마음과 마음으로 통하는 소중한 친구입니다. 최근에 시각 장애인과 청각 장애인을 돕는 운동이 여기저기에서 활발하게 벌어지고 있습니다. 하지만 이보다 중요한 건 시각 및 청각 장애인이 생기는 원인을 알아내 미리 방지하는 일입니다. 우리는 서로 협력하여 이 문제를 먼저 해결해야 합니다."

 헬렌이 연설을 마치자 우레와 같은 박수갈채가 이어졌어요. 헬렌은 장애인을 돕는 것에 앞서, 장애가 생기는 원인을 알아내 미리 막는 게 더 중요하다고 생각했어요.

 그렇게 헬렌이 수백 개의 도시를 돌아다니며 강연을 하는 동안 설리번 선생님의 건강은 점점 안 좋아졌어요. 칠십 세가 넘은 선생님은 시력도 매우 나빠져 헬렌으로부터 점자를 배워야 할 정도였어요.

 '선생님에게는 휴식이 필요해.'

 헬렌은 선생님이 하던 일을 내려놓고 편히 쉬도록 해 드렸어요. 선생님 대신 자신을 돌봐 줄 여성을 구했는데, 그녀의 이름은 폴리 톰슨이었어요.

건강하고 성격이 좋은 톰슨은 똑똑해서 수화를 금세 익혔어요. 그녀는 헬렌이 원고를 쓸 때마다 곁에서 잘 도와주었어요. 톰슨의 도움으로 헬렌은 하던 일을 계속 이어 나갈 수 있었어요.

1934년 헬렌은 설리번 선생님과 스코틀랜드로 건너갔어요. 선생님의 건강이 더욱 나빠졌기 때문이에요. 헬렌은 한평생 자신을 위해 희생한 선생님을 조용한 곳에서 쉬게 해 드리고 싶었어요.

헬렌은 선생님을 정성껏 보살폈어요. 오랫동안 선생님을 돌봐 드리고 싶었지만 선생님의 병은 잘 낫지 않았어요. 결국 선생님은 1936년 가을에 세상을 떠나고 말았어요. 이때 선생님 나이는 일흔 살이었어요.

"선생님이 안 계셨다면 오늘날의 저도 없었을 거예요."

　헬렌은 하늘이 무너지는 큰 슬픔에 오래도록 흐느껴 울었어요. 며칠 동안 슬픔에 빠져 있던 헬렌은 가까스로 다시 기운을 차렸어요. 이제 헬렌의 곁에는 톰슨이 있었어요.

　헬렌은 이전과 마찬가지로 원고를 쓰고, 때로는 여러 도시로 순회강연을 다녔어요. 그렇게 바빠 사는 동안 갑자기 세상에 큰 난리가 일어났어요.

제2차 세계 대전이 터진 거예요.

헬렌은 유럽과 아시아를 돌아다니며 전쟁터에서 눈을 잃은 수많은 군인들을 만났어요. 갑자기 앞을 못 보게 되어 삶의 희망을 잃은 그들의 모습에 헬렌은 가슴이 아팠어요.

"세상에 기쁨만 있고 슬픔이나 고통이 없다면 우리는 용기나 인내심을 배울 수 없을 것입니다. 여러분, 부디 희망을 가지고 힘을 내십시오."

헬렌은 이렇게 그들을 위로했어요. 또 강연을 할 때마다 장애가 있는 사람들을 돕자며 진심으로 호소했어요.

"보지 못하고 듣지 못하는 사람들도 행복할 권리가 있습니다. 그들이 행복하게 살 수 있도록 돕는 것이 우리의 의무입니다. 그들이 다시 행복해질 수 있도록 도와주십시오. 그들의 행복이 바로 우리의 행복입니다."

 헬렌의 강연을 들은 사람들은 다들 감동하여 장애인 후원 운동에 직접 참여하는 숫자가 크게 늘어났어요.

 1960년, 헬렌은 여든 살이 되었어요. 헬렌의 여든 살 생일을 축하하는 성대한 파티가 열렸어요. 전 세계에서 선물이 도착했고, 헬렌은 많은 사람들 앞에서 생일 케이크를 잘랐어요.

이날 '헬렌 켈러 기념 재단'과 '헬렌 켈러 국제상'이 만들어졌어요. 이 상은 해마다 장애인 복지를 위해 헌신한 사람들에게 주어지는 상이었어요.

 그 뒤 헬렌은 코네티컷주 아칸 리지의 조용한 숲속 저택에서 서너 명의 일꾼들과 함께 남은 일생을 조용히 보냈어요. 온종일 글을 쓰거나, 세계 곳곳에서 날아온 장애인들의 편지에 답장을 했지요.

 몇 년이 지나자 헬렌은 이제 몸을 가누기도 힘들어졌고, 더는 글을 쓸 수도 없었어요. 그래서 가만히 앉아 있거나 누운 채 명상과 기도로 시간을 보냈어요. 그러던 1968년 6월, 헬렌 켈러는 여든여덟 살의 나이로 세상을 떠났어요. 시각 장애와 청각 장애, 언어 장애의 삼중고를 극복하고 장애인과 불쌍한 사람들을 위해 일생을 바친 헬렌 켈러는 눈을 감기 전에 이렇게 말했어요.

"태양이 보이는지 안 보이는지는 중요한 문제가 아닙니다. 중요한 건 마음속에 빛을 가지는 일입니다. 장애가 있는 여러분도 보통 사람들과 똑같이 살아갑니다. 부끄러움이나 열등감을 가지지 마십시오. 장애가 있는 사람보다 불쌍한 건 마음속에 빛이 없는 사람들입니다."

장애를 이기고 훌륭한 업적을 이룬 사람은 많아요. 하지만 헬렌 켈러처럼 장애를 극복하고, 장애인뿐 아니라 고통받는 모든 사람들을 위해 평생을 바친 사람은 그리 많지 않지요.

헬렌 켈러를 기억하는 수많은 사람들은 그녀의 죽음을 애도하며 국제적 자선 단체인 '헬렌 켈러 협회'를 만들었어요. 헬렌 켈러 협회는 시각 장애인들을 위한 단체로, 지금도 국경의 벽을 넘어 전 세계에 사랑과 온정을 나누는 일을 하고 있답니다. ♣

인물에 관하여

어둠과 침묵을
이겨 낸 헬렌 켈러

  헬렌 켈러는 태어난 지 겨우 19개월 만에 원인을 알 수 없는 열병에 걸려 볼 수도, 들을 수도, 말할 수도 없게 되었어요. 보통 사람 같으면 이런 상황에서 아무것도 할 수 없었을 거예요. 하지만 헬렌 켈러는 자신에게 주어진 치명적인 삼중고(세 가지 큰 고통)를 당당히 이겨 내고 세계의 위인으로 우뚝 섰어요.

  헬렌이 심각한 장애를 가지고도 위인이 될 수 있었던 것은 가정교사인 설리번 선생님의 도움이 컸어요. 설리번 선생님은 꼬마였던 헬렌을 처음 만나 모든 것을 가르쳐

　주었어요. 손으로 대화하는 법, 점자로 책을 읽는 법은 물론 거친 행동을 순화시켜 따스한 마음으로 세상을 보는 법까지 알려 주었지요. 심지어 단지 몇 년 동안이 아니라 평생 헬렌 켈러와 함께했어요. 어린 시절 맹아 학교와 농아 학교도 함께 갔고, 케임브리지 여학교와 래드클리프 대학 시절도 헬렌과 늘 함께였어요.

　설리번 선생님의 헌신으로 헬렌은 우수한 성적으로 대학을 졸업했고, 이후에는 신체 장애인들의 복지를 위해 열심히 일했어요. 말하는 방법도 배워 미국은 물론 해외에도 나가 강연을 했고, 1937년에는 한국에도 찾아왔어요. 또한 《나의 생애》, 《암흑 속에서 벗어나》, 《나의 종교》 등과 같은 책을 써서 많은 장애인들에게 큰 위안과 용기를 주었어요.

　헬렌 켈러는 장애인 복지에 큰 공을 세워 프랑스와 미국에서 각각 최고 훈장을 받았어요. 지금도 전 세계 사람들에게 널리 존경을 받고 있지요.

더욱더 알고 싶은 헬렌 켈러 이야기

➤ 벨 박사와 헬렌 켈러 ➤

전화를 발명한 벨 박사는 어머니가 청각 장애인이라 소리에 관심이 많았어요. 그래서 열심히 공부하여 청각 장애인을 가르치는 선생님이 되었어요.
벨 박사를 헬렌은 일곱 살 때 처음 만났어요. 벨 박사를 만난 건 헬렌의 인생에서 커다란 행운이었어요. 설리번 선생님을 만날 수 있게 소개해 준 사람도 바로 벨 박사였어요. 이렇게 벨 박사는 평생 동안 헬렌의 후원자가 되어 용기와 희망을 주었어요.

헬렌 켈러

알렉산더 그레이엄 벨

➤ 초능력자 헬렌 ➤

헬렌은 시각과 청각을 모두 잃은 대신 촉각이 아주 섬세하게 발달했어요. 자기 방에 누군가 들어오면, 그때 생기는 진동만으로 상대방이 누군지 알아챌 수 있을 정도였지요.

➤ 긴급 도움 요청! ➤

헬렌 켈러처럼 시각과 청각을 모두 잃은 장애인이 2022년 기준으로 우리나라에도 1만 명이나 있다고 해요. 하지만 수화 및 점자 교육이 부족하고 지원도 부족해 큰 어려움을 겪고 있다고 하니, 주위의 많은 관심이 필요한 상황이에요.

✦ 웰컴 투 코리아 ✦

헬렌 켈러는 우리나라가 일본의 지배를 받던 1937년에 우리나라에 온 적이 있어요. 서울과 개성, 대구에서 열정적인 강연을 했지요. 그 후 한국 전쟁 때도 우리나라를 방문했어요.

✦ 최고의 교육자상 ✦

세상에 '최고의 교육자상'이 있다면 설리번 선생님이 받아야 해요. 보지도 듣지도 못하는 헬렌을 가르친다는 건 상상을 초월하는 어려운 일이었으니까요. 설리번 선생님의 헌신적인 도움이 없었다면, 아마 오늘날 헬렌 켈러라는 훌륭한 사람도 없었을 거예요.

마크 트웨인의 인터뷰

《톰 소여의 모험》을 쓴 마크 트웨인은 이렇게 말했어요.
"모든 사람들은 헬렌 켈러를 '삼중고를 극복한 성스러운 여인'이라고 말하며 존경합니다. 나도 그렇게 생각합니다. 삼중고를 이기고 마음의 힘, 정신의 힘으로 오늘의 영예를 차지하고도 헬렌 켈러는 여전히 여유가 있습니다."

헬렌 켈러(좌), 앤 설리번(가운데), 마크 트웨인(우)

헬렌 켈러 연표

- **1880년 0세** ◆ 6월 27일, 미국 앨라배마주의 터스컴비아에서 태어남.
- **1882년 2세** ◆ 심한 열병을 앓은 뒤 보지도 듣지도 못하게 됨.
- **1887년 7세** ◆ 가정교사 설리번 선생님이 헬렌의 집으로 옴.
- **1888년 8세** ◆ 보스턴의 퍼킨스 맹아 학교에 입학함.
- **1900년 20세** ◆ 래드클리프 대학에 입학함.
- **1903년 23세** ◆ 《나의 생애》 출판함.
- **1904년 24세** ◆ 래드클리프 대학을 졸업함.
- **1908년 28세** ◆ 《내가 사는 세상》 출판함.
- **1916년 36세** ◆ 제2차 세계 대전 참전 반대 운동을 벌임.
- **1942년 62세** ◆ 군 병원을 돌며 부상을 입은 병사들을 위로함.
- **1951년 71세** ◆ 영국, 캐나다, 한국, 일본 등을 돌며 강연함.
- **1952년 72세** ◆ 프랑스에서 레지옹 도뇌르 훈장을 받음.
- **1964년 84세** ◆ 미국 최고 훈장인 자유 훈장을 받음.
- **1968년 88세** ◆ 6월 1일, 미국 아칸 리지의 자택에서 세상을 떠남.

올바른 독서 방법

올바른 독서 과정은 글을 읽기 전, 읽는 중, 읽은 후로 구분해요. 특히 책을 읽은 후에 하는 활동은 논리력과 표현력을 높이는 데에 반드시 필요하답니다.

독서 과정	독자의 역할
읽기 전	·제목이나 차례를 보고 내용 상상하기 ·표지와 본문의 글, 그림 등을 보며 내용 예측하기 ·공책에 궁금한 점 적기
읽는 중	·글의 내용이나 장면을 머릿속에 떠올리기 ·글 속에 숨어 있는 내용이나 글쓴이의 생각 파악하기 ·인상적인 표현과 중요한 내용에 밑줄을 긋거나 따로 표시하기 ·읽기 전에 궁금했던 내용 확인하기
읽은 후	·줄거리를 요약하고 주제 파악하기 ·글에 대한 자신의 생각 정리하기 ·등장인물이 되어 상상하기

더 생각해 보기

1 헬렌 켈러는 눈과 귀가 보이지 않아도 자신의 꿈을 포기하지 않았어요. 여러분도 어려운 일이 있어도 끝까지 포기하지 않고 노력했던 경험이 있나요? 그때 어떤 마음이었는지 적어 보세요.

2 헬렌 켈러는 자신에게 장애가 있는데도 여러 사람을 도와주고, 희망을 주었어요. 여러분은 누군가에게 친절하게 도움을 준 적이 있나요? 그때 어떤 기분이 들었는지 적어 보세요.

편지 쓰기

헬렌 켈러에게 편지를 써 보세요.

헬렌 켈러를 도와준 설리번 선생님에게도 편지를 써 보세요.

독서 기록장

도서명

지은이

등장인물

기억에 남는 장면

줄거리와 느낀 점

| 독서 기록장 | 등장인물 |

이름

모습을 그리세요.

어떤 사람인지 쓰세요.

이름

모습을 그리세요.

어떤 사람인지 쓰세요.

글 **양태석**
서울예술대학교에서 문학을 공부했고, 1991년 월간 《문학정신》에 단편소설이 당선되었습니다. 잡지사와 출판사에서 일했고, 지금은 소설과 동화를 쓰고 있습니다. 쓴 책으로는 소설집 《다락방》과 동화집 《아빠의 수첩》, 《사랑의 힘 운동본부》, 《책으로 집을 지은 악어》, 《말썽쟁이를 변화시킨 7명의 위인들》 등 30여 권이 있습니다. 《아빠의 수첩》과 《말썽쟁이를 변화시킨 7명의 위인들》은 교과서에 수록되었습니다.

그림 **라임스튜디오**
《민쩌미의 찜그레》, 《좀비고등학교 코믹스》, 《테일즈런너 직업체험》, 《난 꼭 살아남을 거야!》, 《내일은 피겨퀸》, 《멋진 직업을 갖고 싶어!》, 《나 혼자 예뻐질 거야!》, 《예쁜 소녀 속담》, 《천하무적 수수께끼 왕》, 《깜찍이 과학 스쿨》 등을 그린, 오렌지처럼 상큼달달한 꿈을 그리는 작가입니다.

2025년 9월 20일 1판 1쇄 발행

글 **양태석** | 그림 **라임스튜디오**
펴낸이 **문제천** | 펴낸곳 **㈜은하수미디어**
편집진행 **문미라** | 편집 **김세영, 방기은** | 편집 지원 **김혜영**
디자인 **정수연, 김해은** | 제작책임 **문제천**
주소 **서울시 송파구 송이로32길 18, 405 (문정동, 4층)**
대표전화 **(02)449-2701** | 팩스 **(02)404-8768** | 편집부 **(02)3402-1386**
출판등록 **제22-590호 (2000. 7. 10.)**
ⓒ 2025, Eunhasoo Media Publishing Co., Ltd.

이 책의 저작권은 ㈜은하수미디어에 있으므로 무단 전재 및 무단 복제를 금합니다.

주의! 종이가 날카로워 손을 베일 수 있으므로 주의하십시오.
파본은 구입처에서 교환해 드립니다. 사용 중 발생한 파손은 교환 대상에 해당되지 않습니다.

* 사진 출처 ⓒ wikimedia commons, ⓒ Shutterstock